柳田国男文集

YANAGITA
KUNIO

孤猿随笔

〔日〕柳田国男 著

周先民 译

北京师范大学出版集团
BEIJING NORMAL UNIVERSITY PUBLISHING GROUP
北京师范大学出版社

体例

    1. 本丛书中，原文民俗词汇以日文假名书写时全部以日语罗马字表示。

    2. 为尽量接近日语原来的发音，用日语罗马字表示时采用"黑本式"注音方式，与键盘输入时使用的"训令式"相比，以下假名较为特殊：しshi、ちchi、つtsu、ふfu、じji、しゃsha、しゅshu、しょsho、ちゃcha、ちゅchu、ちょcho、じゃja、じゅju、じょjo。

    3. 拨音んn、促音为子音双写（如にっきnikki），长音不加 u（如とうきょうtokyo）。

    4. 作助词时はwa、へe、をwo。

    5. 原文中的旧假名写法，改为新假名写法后注音：如なほらひnaorai。

    6. 单词中分节较为明确时，适当采取空格的形式分段，避免日语罗马字表音过长：如"yaki meshi（烧饭）"。

7. 本丛书中，原文民俗词汇使用汉字时全部以简体字表示。

8. 本丛书中，原文中有特殊意义的词语、民俗词汇、引用内容，均以引号标注。

9. 本丛书中，所有的注释均为译者注，在注释时不再另外标明。另为柳田国男原注的，在注解中用"【原注】"标明。

10. 本丛书中出现的日本历史时代及分期（如江户、中世等）与公历纪年的对应关系，请参照书后的附录一。

11. 本丛书中出现的日本古国名及其略称（如萨摩、信州等）与现代都道府县的对应关系，请参照书后的附录二。

王 京

中文版序

　　柳田国男在日本可谓家喻户晓，不仅作为历史人物被记录，出现于历史书上，而且也是鲜活的存在，向我们提示着思考现代社会的视点、框架与方法。他关注日本社会与文化的历史，开拓了民俗学这门崭新的学问，在长达半个世纪的学术活动中，留下了数目浩繁的论著。这些研究将从未被思考、也从未被知晓的普通人生活文化的历史，呈现在我们眼前，人们对日本社会及文化的认识也为之一新。如今，在思考日本的社会与文化时，从柳田的著作中学习已是必不可少的一个步骤。不仅在日本国内如此，对于世界各地的日本研究而言，这也已成为基本的方法。

　　世界各地凡是懂得日语、可以阅读日语书籍的日本研究者，毫无疑问，都是柳田国男著作的读者。而无法阅读日语的人们，则缺少接触和了解柳田国男的机会。柳田的文章文体甚为独特，被翻译成他国语言的难度很大，所以，尝试翻译者众多，但实际出版者寥寥。包括英语在内，译为各国语言公开发行的柳田著作，数量并不多，且翻译对象又往往限定于极少几本著作；中文世界的情况也同样如此。至今，除了日语以外，尚没有以其他语言刊行，并能够帮助理解柳田学问整体面貌的著作集问世。本次出版的《柳田国男文集》（以下简称《文集》）在此方面是一次有益的尝试，可谓意义深远。

1875 年，柳田国男出生于西日本中心城市大坂（今大阪）以西约 70 千米的农村地区。旧时的交通要道由此通过，略有一些"町场"（城镇）的气氛。柳田的父亲并非农民，而是居住于农村的知识分子，靠着在私塾教授汉学为生。家中贫苦，生活也不稳定。柳田国男排行第六，有好几个哥哥，大都勤奋读书，之后赴东京继续求学。大哥成为医生后没有回乡，而是在东京西北 40 多千米的农村地区开业行医。柳田小学毕业之后就来到大哥身边，受其照顾。柳田从小生长的故乡，与后来移居的土地，虽然都是农村，但无论景观还是人们的生活，都迥然不同。这一体验，对他日后的学问形成产生了巨大的影响。

随后柳田来到东京，进入社会精英的摇篮——东京帝国大学，在相当于今天法学部的地方学习，专业是农政学。1900 年，柳田和当时东京帝国大学的大多数毕业生一样，成为了明治政府的一名官员，最初供职于农商务省农务局。1908 年，柳田因公前往九州地区，进行了为期 2 个月的巡视。在此期间他探访了深山之中的地区，接触到还在进行刀耕火种和狩猎的村落，感到惊讶，也深为感动。当时日本农业政策的主要对象是在平原地区种植稻米的农民，柳田得知在此之外，还有立足于不同的生产劳动，有着不同文化背景的人们时，产生了浓厚的兴趣。这是他迈向民俗学的第一步。之后，柳田白天作为官员任职于政府部门，晚上及休假时间则用以研究深山之中的"山人"的生活文化，发表了一系列文章。1919 年，柳田辞去了官职。

1929 年 10 月开始的世界经济危机首先在美国爆发，不久就挟着巨大的破坏力席卷了日本。城市里工厂工人大量失业，纷纷回到家乡农村。而承受着沉重经济打击的农村，还要接收这些归乡者，状况更为悲惨。面对农村的惨状，柳田以回答"农民因何而贫"作为最重要的课题，开始了新的研究，确立了之后被称为"经世济民之学"的民俗学。其研究对象不再是居于深山的人们，而是生活在日本列岛的占人口大多数的农民。他将作为民俗承担者的、以稻米种植为生活基础的农民，称为"常民"。为了调查常民的生活文化，弄清常民的历史，柳田对包括家庭与生产劳动、衣食住行、婚丧嫁娶、节日与信仰等在内的常民生活的各个方面展开了研究，并探索和树立了与之相应的研究方法。

1945年，日本战败，开始建设新社会。柳田认识到第二次世界大战后日本人自我认识的重要性，大力推动这方面的研究。柳田提出了"海上之路"这一假说，主张日本人的祖先是从冲绳出发，乘着"黑潮"（日本暖流）沿岛北上，最后扩散到日本列岛各处的。柳田逝于1962年8月8日。半个世纪在民俗学领域的长期开拓，以及从历史维度理解日本社会及文化的不懈努力，凝结成其身后的庞大著述。伴随着上述使命感的变化，其民俗学著作的涉及面也甚广。本《文集》是从柳田国男卷帙浩繁的著述中精选了有助理解日本社会及文化的不可或缺的篇目而成。相信读者若能将本《文集》置于左右，必要时阅读或参照，一定能对柳田有深入的理解。

在阅读柳田时需要注意以下几个问题。

柳田民俗学，是收集与比较日本各地现行或尚有传承的民俗现象，通过其相互差异来阐明历史变迁过程的比较研究。比较研究虽然是所有学问均会采用的方法，但柳田的比较研究，在将变迁过程作为其结果这一点上较为特殊。柳田将这种具有限定性的比较研究法称为"重出立证法"。比较的标准是地区差异，其假说是离中央较近处的民俗较新，距离中央越远处的民俗较古老，即新文化产生于中央，并向四面八方扩散，因为到离中央较远处需要花费较长时间，抵达较迟，所以古老的状态被保留在了远方，这便是"周圈论"。在柳田的著作中，常常会列举大量日本列岛各地的类似事例，甚至令人颇感倦烦。但这些各地事例之间的相同及不同之处，正是他导出答案的线索，也是其研究不可或缺的步骤。

在提示各地的民俗之时，柳田十分重视指示这一现象或事物的词语。日语虽然是与中文完全不同的语言，但一直以来，有着使用学自中国的汉字来表记现象或事物的传统。一般而言，人们也习惯从汉字入手来理解词语的含义。但柳田重视的并非汉字。他认为，通过外来的汉字及其意思是无法理解日本普通民众生活背后的文化的，因此非常重视这些词语的日语发音。他将各地表现民俗现象及事物的日语称为"民俗词汇"，以记录和比较日本各地的民俗词汇为基本方法。以语言为切入点进行比较研究是柳田民俗学的一大特色。但正因为他运用了这种方法，从而使得将柳田的著作被介绍到世界的工作变得十分困难。本次中文版《文集》的出版，翻译工作中最大的难关正在于此。担任翻译任务的译者们想方设法地使日本的民俗词汇在中文语境中能够得以体现。读者阅读时或许觉得文章记述颇有繁冗之处，其原因也在于此。

中文版《柳田国男文集》得以刊行的首要意义在于可以通过这些著作增进读者对日本社会及文化的理解；能够凭借遍布日本列岛的

日常生活文化的种种内容，帮助读者理解日本人的生活文化。作为知识分子的思想家或文学家笔下的日本，往往容易偏于表面，而柳田民俗学则试图从内部把握日本人的生活，是一种内在理解。这种理解并不停留于表面，而是潜入日本人的内心，关注他们的意识、观念，以及作为其外在表现的行为、态度，并将这些与作为其结果的秩序与制度综合起来，从而诠释日本社会、日本文化的内涵。读者通过阅读柳田的著作，一定能够了解日本社会及文化的特色，同时也注意到与中国社会、文化的不同。

第二个意义在于读者可以通过对柳田民俗学方法的理解和批判性讨论，获得重新思考中国同类学问的方法论的契机。民俗学形成于 19 世纪的欧洲，之后传播到世界各地，在各自国家和地区都经历了一条充满个性的发展道路。中国也形成了具有中国特色的民俗学，与同样受到欧洲影响的柳田民俗学可谓大相径庭。在加强各自特色，谋求学问的深化与发展之际，参照或批判性地思考其他国家和地区的民俗学，充分吸收其成果，借以充实自身的学问内容，是不可欠缺的工作。中文版《文集》的出版，为之奠定了基础。可以说，中文版《文集》的出版，使得对柳田民俗学，乃至对日本民俗学理论及方法论的批判性讨论，成为可能。本《文集》必将对中国民俗学的进一步发展做出重要贡献。

最后，请允许我作为日本的一名民俗学者，衷心地感谢勇敢挑战这一困难重重的翻译工作，并出色完成任务的译者们；同时，向积极策划、出版本《文集》的北京师范大学出版社致以崇高的敬意。真切希望本《文集》能够拥有广大受众，得到大家的喜爱！

福田亚细男

2018 年 2 月

目
录

序

　　我做过多次测试，发现孩子们几乎都是出于天性对野兽故事感兴趣的。大家也许没注意到，使用国语时，客观上存在"话术"，以及与之相应的"听术"。如果分析一下我们的日常会话，会发现即便在今天，"话术"与"听术"在我们的生活中仍随处可见。比如，为了安抚哭泣的孩子，大人唤唤狗、指指猫，往往能引起孩子的注意，并让其期待故事的出现。这时候试着说起猴子、兔子的故事，这个孩子就会停止哭闹，集中注意力来听故事。但如果这个故事陈旧老套，没有新意，孩子就会再度哭闹起来。也许有人会认为，孩子们是先喜欢上动物故事里动物的神通，才对动物产生兴趣，从而喜欢上动物故事的。但我以为先后次序恰恰相反，是孩子们先对动物产生了浓厚的兴趣，各种动物才顺理成章地成了故事里的主人公。我的理由是：孩子们对定型老套的动物故事会很快腻味，而只对带有新鲜气息的野兽话题感兴趣。我小时候图画书很少，动物故事的主人公大多是非常普通的动物。不过由于没有可以替代它们的东西，所以直到上小学，我都一直喜欢听有关它们的故事。当时的情景，我到现在还记忆犹新。那天正好也是像现在这样一个初冬的晴日，十四五个孩子，把手都拢在袖子里，并排挤在射进阳光的窗前，津津有味地听着故事，心里只担心下课的钟声响得太早。说故事的偶尔也讲狐狸行骗、狼为人送行这类老套的故事，但一定会添上最近的实例加以佐证，比如说某个山里的淳朴少年昨天刚遇到过或听说过等。这样一来，大家就立刻被吸引，并把脸转向将老故事讲出新鲜感的人。从这里就可以充分了解，我们那时对有关野兽的新信息是怎样渴望了。我以为如果在代代相传的故事里，自由自在地加上当世的传闻、事件的本末，以及有关人物的逸事等新材料，虽然有时难免溢出儿童所能理解的范围，但对从前朴实单纯的人来说，一定会倍感新奇的。这样的故事，就会成为老幼皆宜的话题，而孩子们的兴趣也会变得格外强烈。

也许有人会认为这只是我的主观臆测，但我还是觉得，儿童对野兽故事的喜好由来已久，在猎人小屋出现之前就产生了。那个时候，野兽与人类共同生活于威严而广漠的山野之中，或为友，或为敌，使得人类不可能对与自己相邻的野兽社会漠不关心。即便在今天，仍有很多儿童对野兽世界有着强烈的兴趣。某些在今天似乎已没有任何意义的古老传说，在那时却使儿童养成了用心倾听长者之言、并和他们共同感受和思考的良好习惯，从而较快地提高了国语水平。如果把这种情形与现在新式教育方法的成就做比较，肯定会有一些出乎意料的结果。大孩子把学习作为任务，即便对不喜欢的内容也拼命地死记硬背；而小孩子相对自由，对自己不喜欢的东西，不想谈论，也不想搞明白。正因如此，对他们讲那些能够让他们聚精会神倾听的故事，就显得很有必要了。即便到现在，当我们提起野兽故事时，还能因联想起儿时的情景而感到快乐。我和各国朋友见面时，偶尔会说起这些故事，虽然我说得小心收敛，但听完莞尔的听众却很多，想来是唤起了他们幼时的记忆吧。当然，因为考虑到说这些故事似乎太孩子气了，我一般都是忍住不说。

我写《孤猿随笔》没什么动机，对于把这些普通的文章汇编成集，也没有什么特别的期待，但它的出版，仍让我感到幸福。迄今为止，能把儿时听到的野兽故事汇成一书出版的人并不多见。一方面，由这类故事而怀念起难忘的孩提时代的人，多得出乎意料；另一方面，还有很多人从不曾听过它们。所以此书的出版，让我一下子享受了诸多喜悦。此外它还给了我论述并证明一些小小的历史真相的宝贵机会。将人与兽放在一起进行比较当然不太妥当，但那些无视历史事实的人，其实与野兽有着相似之处。我们不能因为记忆的缺失，就否定历史的存在；不能因为文章不屑于传播，就抹杀重要的时代变迁。只要我们有求知的热望，就一定能找到通向真相的途径并有所发现。以上两点，正是日本民俗学的出发点。如果我的调查能合乎野兽的实际，那么也就易于得到人们的认同了。实际上正因为有着这样的预期，我写故事时，又多了一层快乐。

在此书之前，我发表过几篇野兽故事。比如《独目小僧及其他》中把活鹿作为供品的故事，名叫熊谷弥三左卫门的狐狸的故事，《山的人生》中狸和尚的书画故事，以及《妖狐的故事》里附录的附于人体的狐狸故事等。可我那时并未注意到这些野兽的历史曾有过多次重大变迁的事实。如果认为它们具有亘古不变的性质，并带着这样的先入之见去评判它们的行动轨迹，哪怕评判的对象是野兽，也是不合适的。所以只要时间允许，我还得继续对它们做深入的研究。

柳田国男

昭和十四年十一月

猴　皮

一

说起猴皮，读者也许会以为这是个童话，实际上它是个真实的故事，而且还是我直接听来的，也是我现在仍在思考、探索的问题。不管怎么说，这张猴皮可不是假的。

在"能乐"①的"狂言"②剧目中，叫"韧猴"的一折很有名，因此知道的人不少。其大意是，有个不省事的诸侯，在路上碰到一个耍猴人，就强求耍猴人把猴子杀了剥下皮送给他，他要用猴皮蒙韧。耍猴人十分为难，想了好多办法来应付，终于使诸侯让步。于是耍

---

① 能乐是日本最具代表性的传统艺术形式，是具有宗教意味的假面悲剧。
② 狂言是穿插于能乐剧目间的逗乐小喜剧。

猴人用耍猴表演来感谢诸侯，故事在一段饶有兴味的歌舞后结束。

所谓"靫"，是插放箭矢的箭袋，其形状现在已很少能看到了。它有点类似撑开的瓢箪，里面是空的，所以也称作"空穗"。中世的诸侯们旅行时，会带着蒙着各种兽皮的箭袋，其中就有蒙猴皮的。这个奇异故事的原型，应该已经相当古老。我认为，用猴皮蒙箭袋这件事情意义深远，虽然直到现在我们仍未能把它彻底搞清楚。

二

整张的猴皮样子平常，实在算不上美。如果打听猴皮颜色，估计对方难以回答，因为它的颜色太不起眼，既非鼠色，亦非狐色，大概也只能勉为其难称它是猴色，普普通通，毫无特色。可为什么诸侯们对猴皮青眼有加，旅行时要带着蒙着猴皮的箭袋上路呢？对此，我颇有些困惑。这反而激发了我的研究兴趣，于是试图追根溯源，从根本上对它流行于世的原因做一番探讨。这也许会引来小题大做的嘲笑，但实际上我并非心血来潮，因为我研究猴皮已经有几十年了。

有件偶遇之事，给了我启发，这事发生在很久以前。某日我去富山县旅行，在去黑部川上游一个名为"钟钓"的温泉途中，走进山阴处的一座房子里歇息、喝茶。好客的主人特意在一个旧坐垫上铺好一块簇新漂亮的毛皮后，才请我坐下。我好奇地问道：大叔，这么漂亮，是什么毛啊？大叔回答说是猴皮。并娓娓告诉我，他在这个春天，在一个小山谷的岩石背后，发现了这只未成年的猴子。由于营养充分的缘故，毛皮生得特别好，它长而柔软，细毛像绢丝一样闪亮。毛的尖端是杂有鼠色的白，拨开来细看，下面则是接近银灰色的浅蓝，真是漂亮极了。

稍稍插几句题外话。想来大家都见过吧，大猴经常让小猴坐在身边，扒开小猴的毛在寻找什么。世人总说这是猴子在捉跳蚤，其实并无根据；也有人说是在为同伴抓痒，找到皮屑就吃下去；还有的说是在欣赏同伴美丽的毛色，是一种审美爱好。比如小狗等无聊时，也常常喜欢跑到一处互相撕咬玩耍。当然和狗类相比，猴子的爱好显然高一个层次。其实直到不久前，人类也有类似的行为。比如乡民们冬日晒太阳取暖，话说得多了、厌了，经常会互相摸摸对方的头发，或者分开头发看看里面。所以上述爱好，其实并不仅限于猴子。

三

在黑部川的茶屋见到的猴皮，让我怦然心动。也许我有点神经质，总觉得毛皮如此美丽的猴子，以及前面提到的耍猴人的孤猴，都是些有教养的猴子。我因此知道了山里面还活跃着这类毛皮出众的猴子。当然，再出类拔萃的猴子，打死后皮被剥下做成椅垫，也就什么都不是了。

据说捕捉猴子是件难事。老人说，捉猴子很不容易，即便成群的猴子在喧腾打闹，也会有一只猴子不参与其中，警惕地担任警戒。只要觉察到一丝危险，就立刻报警通知同伴。一会儿工夫，它们就全溜得无影无踪。所以捉猴子时，捉猴人自始至终得格外小心翼翼。

不过，猴子生活在猴群里，也并非万事大吉。比如僧多粥少时，弱小之辈动作稍慢就吃不到；它们被强壮的父辈、兄长欺负也是家常便饭，所以它们食不果腹的时候居多。于是个别经验与自信兼而有之的猴子，就有意超在队前，或故意落在队后，伺机脱离猴群，自己觅食充饥。当然耍这类自由主义的小把戏，会引起同伴们忌恨，并常常招致惩罚。其实这种现象在动物界并非个例，不仅出现在猴群里，鸡群里也时有发生。猴子搞自由主义容易上瘾，屡罚屡犯，同伴的憎恶自然也就如影随形。但它们本性难移，我行我素，于是与同伴渐行渐远。换句话说，独立于猴群之外，是它们乐而为之的。

独立后的猴子一般都长得肥壮，毛色好看，因而猴皮值钱。可当它们孤身专注于食物时，就容易成为猎人们的目标，所以它们的安全很没有保障。有人推测说，在险恶的环境中特立独行的猴子，如果运气不错，有惊无险地顺利成长起来，那么凭借自己百炼成钢的卓异能力，它们就可以或者衣锦还乡，返回原先的猴群；或者拉起一支猴群，自己当猴王。不过很遗憾，上述说法，尚未得到印证。

四

无论如何，上面的猴事至少对我们有两点启发：第一，如果要对猴皮发表意见，首先必须了解猴子的生活环境。第二，它与我们人类所经历的历程，亦略有相似之处。猴子根据自己偶得的生活经验，决定脱离群体，凭借个人的智慧和力量去独立生活。人类把这种想法，大而化之地归为个人主义。虽以"主义"称之，但完全根据这个系统去考虑人生问题的人，并不多见。与个人主义相对的……姑且以团体主义称之。不过究其实际，此类名称只是长久以来的习惯说法，其内容和法则，到现在也没搞清楚。

假如在十只、二十只猴子面前，只有一棵栗子树，并且这棵树上只有五处枝杈好坐，那么弱小的猴子只能在树下吱吱地叫着，忍饥挨饿。这种事情在猴群里司空见惯；作为补偿，它们的安全则有所保障。凡事都有两面性，这些猴子虽然能勉强维生，但大都羸弱不堪。随着动物王国的领地日渐缩小，食物就更难保证。这时自然会有些有自信的猴子离群出走，独立谋生。独立谋生就意味着要忍受寂寞，而且随时要面临意想不到的困难和危险；不过，它也有可能过上"充实的生活"，就像流行语所说的那样。尽管猴子自己不会对"充实的生活"表达谢忱，但它毕竟把自己那华丽柔软的毛皮留在了后世。古谚说：虎死皮留。毋庸置疑，毛皮的主人活出了超过猴群同伴的意义。当然在这种高贵的生活背后，恰好与近代那些个人主义艺术相同，潜藏着一言难尽的苦恼和寂寞。对人类来说，现在虽然已没有了像猴子那样在枪口之下讨生活的恐惧，但人与人共处的快乐也有所减少。另外，在团体的约束中，那些理由不明的管制日益严厉，令人生厌，使得离开旧团体的人日益增多。对这种现象，是听之任之，以不变应万变好呢，还是进行变革，用新的东西取而代之好呢？有的国家现在也在思考这个问题，但还没有找到答案。

五

　　作为个案来考察此事，显然是个难题，因为利害得失纠缠一处、错综复杂。如果仅就猴子的过去和未来进行思考，尽管一切都是自然而然发生的，但我还是很难赞同它。猴子们最初生活玩耍的森林溪谷，要远比现在辽阔富饶，树上有栗子、榛子、蘑菇、橡实，流水里有数不清的小螃蟹。一群猴子也许不用争抢，就能养得膘肥体壮，也许还会相互抚摸毛皮，玩耍打闹。随着这种生活的延续发展，贤明的猴王们感到，只是像老虎、狐狸那样单独行动，过于单调，于是就按照猴的本性，领着猴子组成猴群，团结友爱，分享食物，去了那些宁静而物产丰饶的山里。但时至今日，那个时代已经一去不返，过去的幸福光景已不复重现。遗憾的是，猴子们没有经验，不会思考，更缺乏知识，所以根本无法建立新的生存方式。

我以为直到"能乐"的"狂言"剧目上演"韧猴"的时代为止，在我国山中，猴皮的毛色都是很漂亮的。可当出现了耍猴人之后，情况就不同了。他们养的猴子因为饱尝世间辛苦，毛皮变得肮脏不堪。而那个傻瓜诸侯，对此却毫不介意，竟要用它来蒙箭袋。这件事本身未尝不是一个被人窃笑的讽刺，不过未被人们注意到而已。如果我没有说错，现在山中的猴子，全都枯瘦憔悴，剥下的皮也不能做蒙张之用了。至于猴皮韧的最早来历，现已无法搞清，只能留下遗憾了。

如果能断言我在越中深山里所看到的那张至美的猴皮，是出自特立独行的猴子之身，那么就不能不说猴子的个人主义是个好东西。幸好现在还有些未被开发的山林，如果那里的猴子过着悠闲、富足的生活，并且都有望出落成漂亮的猴子，那么我希望它们就一直那样生活下去。有关猴皮韧的记录告诉我们，至少在某段历史时期，这是完全可能的。猴皮若像现在这样外表肮脏，品相低劣，是不会有人把它蒙在箭袋上带着旅行的。因此，对这个猴皮问题，我们有必要对其历史做更深入的研究。究明此事，在某种程度上，对人类也当有参考作用。

（大正十五年三月二十五日播放）

附　记

我后来了解到在离群独处的"一只猴"的猴皮里，其实也会藏污纳垢，因此至今仍在后悔：不该仅据一两张残存的猴皮就匆匆得出结论。猴子离群独处的原因很多，而我并未能全部把握，所以结论下得太草率了。我觉得有关猴皮的问题，以后很可能还会有新的发现。比如有的猴子生来性格孤僻，不合群，对爱的感受性差，在猴群中一直被同伴嫌弃，所以终于待不下去而被迫出走。举个猴子以外的例子。我小时候饲养的一窝鸡中，有一只歪嘴鸡。我喂它谷粒，它吃不快，急起来就去啄同伴的脖子、脊背，并且养成了恶习。后来只要它一出现，其他鸡就躲开了，它只能独自寂寞地踱步。不过这些禽兽虽有错处，但也可怜，我同情它们的雅量还是有的。猴子幼时，肚子易饿，其母则因为生理需要，非常贪食，可又无法搞到两份食物。于是其母就从弱小的猴子手中抢食。这样一来，不用说被抢的猴子，就是周围的猴子也会打抱不平而叫骂不迭。这位母亲也就为自己制造了许多冤家对头，结果被驱逐出群。可悲的是，其母离开猴群后，仍留在群里的幼猴，从此就得过失恃的生活了。

再说一个只是属于猴子社会的习俗，那就是猴子对同类的毛皮，抱有特别的兴趣。这里对是否像人们所说的在捉蚤暂且不论，显而易见的是，只要有空闲，它们就互相抚摸；稍发现异状，它们就很认真地研究。如果发现了对方身上的伤疤——虽然不太清楚原因，大多应是猎人造成的吧——就彻查一番。从远处看，似乎会觉得猴子很有同情心，但实际上跟医术等毫无关系。被查的猴子显得烦躁而生气，好像还伴有强烈痛感。因为难以忍受这种折磨，常常挨整的猴子，就会渐渐疏远猴群，最终离群出走，成为一个独处者。老猎人常说他们捉住的猴子，身上常有瘢痕，指爪也常有残缺。这类猴子，怎么可能留下高级毛皮呢？

经过多地观察，现已证实了猴群中那些担任头领的资深大猴，是享受被伺候待遇的。在信州、远州的交界处，头领被当地人称为"先山"。"先山"即先驱的意思。长尾君①的《山乡风物志》②称，猴群的"先山"在位时虽然风光一时，退隐后也只能孤零零地徘徊于山中。它上了年纪，生殖力减退，从政热情随之衰颓，余下的日子也只能深居简出了。有人说老头领也逃不脱身上的旧瘢痕被彻查的命运。头领退隐之前，也曾为物色、甄别、培养接班人而不遗余力；可残酷的是，接班人取代它有了权威之后，老头领马上就沦为孤家寡人。从此群猴对前任领导不再彬彬有礼，老头领甚至也难免皮毛被彻查之苦，疼痛难忍，只能选择遁去。一只曾经威风八面的猴王，年轻力壮时出生入死，沙场鏖战，受伤自是难免。这些伤痕是那样明显，从远处亦能看出；而在晚年，却只能带着伤痕落寞离去。其悲惨可怜的程度，比上面说到的母子分别，还要严重得多。

因此，我们必须制止像"韧猴"中的诸侯那样随意去剥"一只猴

---

① 长尾宏也（1904—?），登山家，随笔家。
② 竹村书房 1934 年出版。

皮"的行为。作为猴子，它怎么能够容忍那心爱的毛皮被剥去？它徘徊于深山之中尽管孤苦伶仃，也要比剥皮而死强过千倍。现在正有这样"一只猴"，在我国的村野里出没，悠然地穿行玩耍于蜜橘田里。它的身躯，大约是普通猴子的一倍。尽管日本并没有狒狒这种动物，但直到现在，还是有很多人把它称为狒狒。岩见重太郎等曾遇到过它。遇到它的地方，主要位于静冈县一带。我注意此事之后，报纸的有关报道已达十次以上，其中甚至有两三次说捉到了。"山男"故事所说的，显然有所夸张。说它出没于大井蒿科的水源地一带的报道很多，而这种生存样式，是有传统可追溯的，要远远早于人们开始种柑橘的时代。如果能尽可能详细而精确地把猴子的故事记载并保存下来，对人类也会有若干参考作用。人虽然不能去模仿猴子，但猴子和人的相似之处应该不少。

（昭和十四年九月）

松岛的狐狸

一

　　直到第三次来松岛亲眼见到，我才知道鳗鱼是松岛的特产。我第一次来时住在严禁杀生的寺院，第二次因行政厅的工作也来过，皆未听说。鳗鱼本来生活在淡水里，居然奋发变身，放弃了淡水生活，在松岛汹涌的海潮中，与海鳗、星鳗杂居一处。如果你对语言学稍感兴趣，也许会说鳗鱼和星鳗语出同源，所以能和睦亲善，同居共乐。可现实却全然不是那么回事，鳗鱼只是不断地被捕食而已。如果你认为不至于这么严重，那么请看吧，在通向松岛的海面上，到处有用竹子做成的笼子，其数量与松岛上的松树数量大致相当，仿佛在暗示游客：松岛可不仅仅是个公园。

固然用不着手提着灯游览，但只依赖观光明信片和导游图显然是不够的。书里也从不写风雅以外的内容。《盐松胜谱》①虽是二十卷本的大作，但对鳗鱼，仅用"盐浦松岛有很多鳗鱼"一笔带过。据我所知，桃花盛开的濑户内海的神社洗手池等处，有丰富多彩的历史往事；岛港的人文积淀也非常深厚，赖杏坪先生曾多次拜访。但《艺藩通志》②惜墨如金，只用了"成为繁华之地"六个字，就记载完毕。

人在旅途，会遇见各种令人难忘的东西，把见闻记录下来，就是正经的旅行日记。纪平洲③的《游松岛记》④形容松岛的美姿美色，说如同一群漂亮的姑娘忧郁地伫立雾中，深情绵邈，回味着三日之欢。把松岛形容成一群美女也许稍嫌过分，但它的确并不只是一个岩与松的硬汉世界。岸边有柔软的水草，树荫下的百合开着白花，稍大的岛屿有泉水，有人烟。你看到这些，就会觉得眼前的一切都充满着蓬勃的活力。最近在宫户岛上发现了尚未风化的石器时代的遗迹，出土了许多遗骨。而潜海人潜入海中捕捞海鲜的传统，已经

---

① 地方志，舟山光远(？—1792)著，1822 年刊出，抄本。

② 安艺国广岛藩的地方志，赖杏坪(1756—1834)等编著，《艺藩通志》刊行会，1825 年完成。

③ 本名纪德民(1728—1801)，江户中后期学者。

④ 游记，抄本。

延续了千年以上。

　就在这天然生成的岛上，也曾留下了狐狸的踪迹。我坐在观澜亭的宽廊上眺望海面时，有个管理人跟我聊了起来。他指着一个不是很远的小岛说，那个岛叫烧岛，几年前在上面放养了三只桦太狐，不过现在已失踪了。狐狸名字分别叫太郎、次郎、ayame。也有说那两只雄狐，一只叫 ayame，一只叫 satuki。不过还是太郎叫起来最上口。小船经过那岛时，人们每次总是大声叫"太郎"。太郎闻声就会跑出来，可见基本上被驯化了。可遗憾的是，大概因为食物不足，狐狸们趁着深夜退潮时，可能都游到离陆地较近的岛上了，烧岛上也就没有了狐狸。

　遗传学研究应该是一门很难的学问。现在宫城县①很可能已经出现了混血狐。今后狐狸或许还会装神弄鬼，附上人体，肯定还将出现变化。位于东京染井的岩崎庭院，以前曾饲养过颈部有一个白圈的朝鲜雉，武藏野的雉常飞来玩耍。后来这只朝鲜雉飞走了，然后又有新种的高丽雉归化。染井一带雉的地域特征正在发生变化，而现在暂住那里的外务大臣，估计对此还毫无觉察。

---

　① 松岛位于宫城县。

二

　　最近我的朋友川口孙治郎，正在肥前的五岛旅行。他给我寄来好几封信说，他在那些岛上从高龄猎人那里，听到了猎鹿、猎野猪的故事。那些海岛上居然有野兽，这可出乎意料。这些在海岛被追踪、围猎的野兽，肯定是老住户了；它们的登岛，应该是很久以前连接陆地与海岛的陆桥尚存时的事了；因为除了鹿稍能游水以外，其他的动物先生，毕竟都是不会水的。

　　从冲绳本岛开始，继续向南，那些海岛上几乎都有野猪出没。对马等地原来也有野猪，可当地人的狩猎方法过于残酷，在约莫二百年前就把它们斩尽杀绝，使其从此没了踪迹。取而代之的，则是野鼠的猖獗。东边岛上是否也有野猪，我记不清了，至少已比较少见。不过，听说现在已经有了让它们复兴的计划。小栗风叶曾笑谈道，明治初年①"养兔热"降温以后，有一阵子养猪之风大炽，在社会上曾引起骚动。比起养绵羊来，养红猪的罪孽更重得多。黑心商人为了赚配种钱，谎称一只小红猪生下来就能卖钱一千两。可当猪

---

　　① 1868 年。

一下子繁殖起来后，人们才发现没有足够的饲料喂它。有人想用红猪换两升酒，竟没人肯换，就连那些街头的吃货都不问津。于是有人不得已把红猪扔到了尾张间贺岛附近的小岛上。其结果就是，在很短的时间内，岛上的草木被吃个精光，据说连岛也变成了红色。那时当船从岛旁经过时，可以看到疲惫不堪、瘦骨伶仃的猪颤颤巍巍地从岩石间出来。没过多久，这些猪终于死绝，岛上到处都是瘆人的白骨。

现在仍被称作鹿岛的岛各地都有，虽然真正有鹿的不只是严岛的金华山一处，但已不多见。很多地方存心让鹿绝迹，所以根本不愿意采取保护措施。日本逐鹿养马的传统由来已久，现在听来好像是个讽刺，当时人相信，如果只养公马，就能从海上引来龙，把这些公马变成骏马。千松岛一带也有类似的例子。

像狐狸这种无益并且令人不安的动物，却能活跃在日本三景之一的松岛上，这至少应该不是古人的本意。有个成语叫"放虎归山"，尽管松岛的狐狸不曾享受过老虎的待遇，但也曾抖过老虎的威风。很久以来，松岛就一直有鼻子有眼地流传着狐狸威风八面的故事。不过最近的外来户太郎、ayame们却并未受益，它们从遥远的寒冷之地风尘仆仆地赶来，好不容易渡海来到岛上，最后却狼狈地落荒而逃。时至今日，虽然我这篇文章对它们而言没什么参考价值，但我还是要记下来，意在为将来保存一点史料。

再举个例子，富山脚下有个邻接夜鸟岛的子守堂岛，也有人写作狐守①，称为狐守堂岛。岛上狐狸洞很多，虽然狐狸的数量未见于记载，但作为头领的一只老狐，却是有名可稽，名叫"御夏"。每当渔船从岛的背阴处经过时，总能听到婴儿的哭声。这虽不是狐狸刻意的威胁，但渔民都相信，如果不把捕到的第一条鱼奉上，就肯定要受骗。得来全不费工夫，御夏这只狡猾的老狐狸，就这样轻而易举地过上了富足的生活。这个本领，前面提到的太郎却没有学到。

三

雄岛是一个明朗美丽的名岛，洁净得像被舌头舔过一样。一眼望过去，亮堂堂的一片，没有一丝暗影。这个岛上，一百年前曾住过一个名叫"新右卫门"的灵狐。它比子守堂岛的"御夏"手法更巧，本领更大，有关它巧妙利用人的故事，一直流传到今天。

这故事发生在天明年间②。一艘石卷的大船来到江户，卸下货

---

① 日语"子"与"狐"发音均为"ko"。
② 1781—1789 年。

物后正准备出航时，来了一个自称"新右卫门"的男子。他说离家来到江户已久，现在想搭这条便船回家，说完就上了船。船行海上，浪小船稳，一路顺风，驶进了寒风泽海峡。船工放下小船，欲送这个男子上岸。男子说，我不去通常的码头，请送我去雄岛。而一到雄岛，男子就突然消失了。后来船工向人打听，竟没人听说过松岛有这么个人！这个故事实在神奇，令我恍惚，竟有了再次登上雄岛的冲动。

我回到石卷又了解到，那个时期果然有开往江户的船，共有五艘。可它们在海上遇到风暴，全都沉没了，人货两空。只有一个自称新右卫门的人坐了小船，幸免于难。善良的人们不能不相信命运的力量，他们为此建起了稻荷神社，前来参拜的人络绎不绝。这个结局，也大出我的意料之外。

奥州的狐狸来到江户长期滞留不走的原因，也颇为费解。它们既不逛街，又不购物，在这座大城市里理应百无聊赖。不过，下面这只狐狸的心思，倒也不难猜测。很久以前，在隅田川上游的真崎明神的辖区内，有一个因狐狸而闻名遐迩的茶店。这只狐狸并非茶店喂养的，只是借住在店中的一个小稻荷里，靠茶店老婆婆的食物度日。而它则知恩图报，只要老婆婆一唤，就应声出来会客，非常讨喜。特意来看它的顾客很多，买点心给它的也很多，因此茶店的生意十分兴隆。这只狐狸后来离开了茶店，我并不知道它来自哪里，但觉得它应该是从仙台来的。

下面的发展更加有趣，虽然对它的真假我不敢保证，但这只奥州狐狸离开茶店时，郑重其事地像人那样与老婆婆道别。它对老婆婆说："多谢您长期以来对我的照顾，我已经不得不回去了，这一走也不知何时还能相见。为了表达我的心意，我得送您点什么。您留下吧。"说完，留下了一幅长条诗笺就离开了。话分两头，再说两国地区的萱町，住着个名叫三右卫门的有钱人，好奇心很重。十几年后三右卫门听到这个感人的故事，就千方百计用重金购得了这幅诗笺。他发现那上面的书法字迹秀逸，绝非普通的狐狸所能写出。仙台有个人叫工藤平助，也就是那个与马琴①交游的野真葛女的父亲，其时正居于江户。他与三右卫门有深交，很快就把诗笺借到手，拿给伊达家的主人过目，其身边的侍从也都得以拜见了诗作：

月光辉映露晶莹，草湛玉珠映眼明。

最是苍茫天地阔，宫城野上尽风情。

---

① 泷泽马琴（1767—1848），江户后期的剧作家，传奇小说家，代表作有《椿说弓张月》《南总里见八犬传》。

真让人大跌眼镜！这不就是早就享有盛名的宫千代童子的诗作吗？只不过有三个平假名不同而已。狐狸到底是狐狸，本性难改，竟然在这件事上欺骗了老婆婆！

四

狐狸所剽窃的宫千代童子的诗，许多松岛的居民现在也还记得。宫千代是开拓雄岛的名僧见佛上人的侍童，诗名很盛。其墓散见于各地，但据传确凿无疑的墓葬，位于五大堂西北的天童庵里。人们称其身带各种祥瑞，是太白星的化身。而《雨月物语》①却记载了一个悲惨的故事。故事说，某日，他写出了："月光辉映露晶莹，草湛玉珠映眼明。"这两句诗，却怎么也想不出与之匹配的下两句。呕心沥血，苦思冥想，终是无果，最后竟因此抑郁而死。此后人们经过其墓地时，那墓里就传出吟唱"月光辉映"这半首诗的悲声，唱完就是一阵阵号啕哭声，听得人毛骨悚然。当地人为此事十分苦恼，但又束手无策。松岛寺的彻翁和尚听说了此事，特意前来，吟出了后两句：

---

① 志异小说集，近代日本文学的代表作之一。上田秋成（1734—1809）著，1776 年刊出。

最是苍茫天地阔，宫城野上尽风情。

　　宫千代童子的幽灵听到这两句，顿悟得道，从此不再作怪。这个故事后来成为开示禅门顿悟说的资料。如果我是一个记忆力不错的行僧，翻翻书本，听听传闻，把许多类似的实例装在心里，或可从这些话头里悟出昔时高僧的机锋，修行得道。下面还是回到狐狸故事上来，东北地区以前连狐狸都很纯朴，更不用说老婆婆这个人了。她知道有假后，却也不以为意，只是将诗重抄了一遍而已。但也有学者明知狐狸剽窃，还是竭力为狐狸辩解，说这首诗应该是写于奥州。这个想重做狐狸的新右卫门，很可能就是那个出现在江户码头的狡猾的食客狐的转世。我觉得学者对这只狐狸，已经不是一般的喜爱，而可以称得上是一种中央崇拜了。

　　如果对狐狸仔细观察，从某个角度看，狐狸本身可以算得上是一种古拙的艺术品。正如安倍保名的妻子①所言，狐狸即使行骗，也总有节制，并不过分。据说有一只住在上谷泽某村的狐狸，某日下到水沟里，正专心捞着小鱼小虾，被平田五郎一顿吓唬，丢下好容易抓到的鱼虾便落荒而逃。后来这只狐狸变身为一个妇人，可怜

――――――――――――

　　①　传说《信太妻》中的主人公，由白狐所变。

兮兮地回到村里，向平田五郎诉苦叹息。平田五郎知错就改，把鱼虾还给了它。而狐狸在讨回自己的鱼虾后，便赐给平田五郎一百人的力气，以示谢意。若是中部以西的狐狸，在这种场合一定会回来报复，并且在逃跑时也绝不会把鱼虾丢下。就人与狐的关系而言，东北地区的人与狐并非只是敌对关系，正如烧岛的狐狸故事所折射的那样，东北地区是一个注重情趣的地方。现在有那么几个人嫌保存书籍麻烦，提出要把包括鬼怪故事在内的书籍全交由中央保存，地方上只留下一部。仔细想来，这种做法实不可取，当属不必要的中央统一主义。

如果不搞中央统一主义，就不用担心一千年的地方生活痕迹会突然消失。而全力以赴地保护、整理随时可能失去线索的历史记录，则是当务之急。山谷里的村落、海中的小岛或曾闯入过形形色色的野兽，并且由于这些地方的封闭性，很可能意外地保存着某些古风。遇到机缘，这些形形色色的野兽很可能突然出现在人们的视野里。这对文化史研究来说，将是极为珍贵的发现。

田代岛曾是个猫岛，这是我前些年才听说的。当初猫为何会出现在岛上呢？现在已经没有人能答疑了。但就在最近，岛上发生了一件奇事：适逢小学放假的某日白天，有个在值班室睡觉的人，醒来刚睁眼，突然看见窗外蹲着一只猫，猫脸竟然有一扇窗户那么大。如此巨大的猫脸，让那个人惊讶极了！可说给别人听，连自家的孩子也笑着不肯相信。更加遗憾的是，在历来的书籍里，对此亦从无任何记载。

（大正十五年八月 《东京朝日新闻》）

附　记

有关雄岛的新右卫门稻荷神社的《由来记》，我已经忘了是怎么看到的，也忘了刊载该文的书名。它并非难得一见的珍本，想来还会有机会找到。狐狸盗用宫千代童子诗作的故事，《耳袋》①《谭海》②里也有大致相同的记载。只是对天明年间新右卫门狐狸归来的故事，在记载时间上有些矛盾，后者要晚几年，直到宽政四年③才发现此事并记载下来。真崎稻荷神社④在明和⑤、安永⑥年间最

---

①　又称《耳囊》，江户中后期根岸镇卫的随笔集，10 卷，旧三井文库出版。

②　江户中后期和歌诗人津村正恭（1736—1806）的随笔集，15 卷，书前有写于 1795 年的《自序》。现有 1917 年国书刊行会版本。

③　1892 年。

④　位于东京，始建于天文年间（1532—1555）。

⑤　1764—1772 年。

⑥　1772—1781 年。

为隆盛。老婆婆唤狐的故事流传很广，那只狐狸毫不认生，不管有多少观客，都会跑出来现身，因而博得"御出狐"之美称。此事见于《武江年表》①安永年间的记事以及《半日闲话》②卷十三"安永五年三月四日条"，在其他一些书里也能见到。安永六年出版的笑话集《くだ卷》③里，有三个单口相声都提到此事，可见这个故事在当时的流行程度。此后随着岁月的流逝，故事也就变成了旧闻，传到后来，只剩下了狐狸把"月光"诗笺留在筐里而归的梗概。宽政四年④的记载，则认为在1764年至1781年的十多年中，茶屋的老婆婆也许换人了。还有一说认为，萱町的好事者冬木三右卫门在从老婆婆那儿购得诗笺以前，有关此诗的故事就已经传得沸沸扬扬，在传播过程中，添油加醋地附上一只狐狸，也不是没有可能吧。我们若能把这个故事的来龙去脉彻底查清，势必更加有趣，否则就太可惜了。当然也不能不提到那个更加离奇古怪的狐狸手迹。大约在狐狸

---

　　① 编年体地方志，记载了1590年至1873年江户的市井事情。斋藤月岑著，1850年出版。
　　② 江户中后期著名文人大田南亩（1749—1823）的随笔集，25卷。
　　③ "くだ"音为"kuda"。
　　④ 1792年。

现身的八九年后，《续飞鸟川》①（《新燕石十种本》）的第一个注里写道：享和②年间，真崎稻荷神社里出现了"御出狐"。估计至少是第二代狐狸了。这也就告诉我们，此前那只狐是确实存在过的。《十方庵游历杂记》③的序文记叙有关参诣该社的历史，其中也有"御出狐"现身的记事。该记事说狐狸出现于百米开外的神明社的树林中，以及真崎稻荷后面的庭院。不过召唤狐狸的，不是老婆婆，而是神主。祈祷的人把食物放在狐狸洞口，神主一边招手，一边"出来""出来"地呼唤，狐狸闻声而动，出来吃食。如果是未能如愿者放的食物，狐狸则一口不吃。这个狐狸比那个能写字的狐狸，要晚了好几代了；在驯化程度上，也不及那个宫城县出身并能写诗的前辈。山中笑翁说位于桥场的御出稻荷，也出现过类似的狐狸，不过出现的时间已不得而知，地点、管理人皆不相同。那狐狸与六助番所相邻而居，六助用牙签串起炸豆腐果，口里喊着"过来""过来"，狐狸闻声就会从社殿下跑过来吃。人与狐的这类交往，最近穴守稻荷④也出现过，可见并非罕见。只是由于狐狸警惕性太高，

---

① 江户后期岩本活东子所编随笔集，文久年间（1861—1864）成书，国书刊行会 1907 年刊行。

② 1801—1804 年。

③ 游记，释敬顺著，江户丛书刊行会 1916 年刊行。

④ 位于东京，始建于文化文政（1804—1830）时期。

饲养并驯化它们太难，对技术的要求太高，所以人也就渐渐与狐狸疏远了。而对老故事里的诗，如果人为加工，就失去幽默的原味了。三围稻荷的献诗里有下面一句：

新酒溢清香，老妪唤狐到身旁。

此句亦见于《焦尾琴》①，故所做时间不可能迟于元禄②末年。句子表现秋收后酿出酒来，唤来狐狸飨宴。此当为冬天在近畿附近举行的感恩祭祀的场景。据《史迹与传说》可知，当时三围稻荷住着一对老夫妇，信者参诣时，只要老婆婆朝着田圃拍拍手，就有白狐应声而来，聆听老婆婆转述参诣者的念愿。而老婆婆死后，无论他人怎样拍手，白狐从此不再现身。后来村人为老婆婆建了雕像，并安放在三围社境内。如果真有其事，那么此事也有可能在流传的过程中，地点被不知不觉地挪到对岸真崎稻荷的茶屋。有关狐狸所写"月光"诗笺这件事，也有各种传说版本。在《耳袋》的记事里，茶店有个 12 岁的女孩儿，因出身贫贱，大字不识一个。某日忽被狐

① 榎本其角（1661—1707）的俳句集，文园堂 1743 年刊行。
② 1688—1704 年。

狸附体，随即这个女孩儿彬彬有礼地与主人告别，感谢其多年照顾之恩，并手书此诗相赠。那手迹毫不粗拙，只是因没有专用短册，就写在了手头的扇子上。而最后设法买走那扇子的人，也不是冬木的三右卫门，而是仙台的藩士斋藤所平。由此看来，那只狐狸并非只留下一幅手迹，而是好几幅。不过，有关详细情况，现在也还是混沌不清。无论如何，那时候人与狐的交往，宁静而祥和，并不伴随着任何灾难。

（昭和十四年九月）

飞脚狐的故事

一

　　尽管可能不够妥帖，但我还是决定使用"狐与人的关系"这个词。在漫长的时间里，狐与人的关系发生过几次变迁。我觉得首先得搞清楚这几次变迁的历史。大体说来，在二者关系中，人是起主导作用的一方。人对狐狸认识的变化、对狐狸态度的改变，是显而易见的；而狐狸对人，看起来似乎一切照旧。其实在人的影响下，狐狸的生活也发生着变化，甚至可以说也在与时俱进。虽然这里无暇多方举证，但仅从狐狸的食性，即吃什么方面入手，就可寻出变化的轨迹。吃对于野兽来说，是维持生存的头等大事，而它们的食性，则随着人的供给而发生变化。昔时人们是不会把红豆饭、油豆腐果这类食物摆在狐狸洞口的，因为它们可能并不爱吃。现在的狐狸又如何呢？虽然我还未曾确认，但穴守稻荷等处都在这样做，想来应该是爱吃的。传说山里人去慰问产崽狼时，或去答谢送行狼时，往往会送上煮好的红豆饭。原始时代的狐狸和狼会爱吃这些食物吗？站在动物学的角度考虑，这显然是不可想象的。家畜在食性方面的变化，比野兽更加明显。比如，现在有很多狗，是喝酱汤长大的。我所知道的某只老猫，连奈良渍的瓜也常吃。兽类祖先遗传的食性，就这样被不知不觉地改变了。油豆腐果就不用说了，连红豆饭也在很早以前，就列入狐与狼的食品清单了。随着食物的不断变化，狐与狼不得不不断地调整食性，否则就难以维持生存。我觉得这是一个值得深究的课题。在自然观察方面，国人倾向于借用外国人的记述，而不愿意通过独自的调查来掌握第一手资料。一味照搬外国人的观察记录，来说明仅仅发生在一个海岛、一个民族的具有个别性的动物变化过程，显然很不靠谱。同样，仅仅看到现在的特征，就认为往昔大抵如此，认为它一成不变，也完全是无根之论，可以说是睁着眼睛说瞎话。没有调查就没有发言权，不仅分析狐狸的特性时，需要进行有针对性的专门调查，而且这个原则，还广泛适用于比狐狸更重要的精神现象和文化现象。我选择狐狸作为对象来开展这项研究，应该是一个不错的热身。下面回到正题，说说有关飞毛腿狐狸的故事。此事涉及面很广，头绪纷繁，按照顺序，先从往昔狐狸与人的关系说起。那时狐狸对人抱有好感，与人有不少友好的交往。

二

我打算尽可能一开始就原汁原味地将所有事实和盘托出，以加强读者的印象。日本的地理位置决定了日本常能看到海市蜃楼的奇观，但除了古书里记载的伊势辛洲、近年稍稍有名的越中鱼津以外，其他地方皆未见海市蜃楼的记载。各地互不通气，此点颇令人意外。画着巨大的蛤蜊张开贝壳、吐着宫殿楼阁的画像，都是从中国输入的舶来品，日本民间很少有人去描述海市蜃楼。乘船者看到海市蜃楼的机会应该很多，可我国的文献中几乎没有他们谈论海市蜃楼的记录。九州某地，据说留下了"和多理贺以"的文字。因"和多理"指海，故"贺以"大体指贝。而其他地方，压根没出现过"海市蜃楼"的名称。《土佐海》卷四记载说，在土佐的幡多郡，人们把海上出现的自蹉跎至室户崎的长桥状幻影，叫作"神的游戏"。又据《越后野志》[①]卷十九记载，越后系鱼川的海面

---

① 地方志，小田岛允武著，越后野志刊行会 1937 年出版。

上有时会出现山形幻影，渔民把它叫作"盐山"。此外橘南谿①的
《东游记》②也有记载，但这些记载只限于各自的发生地，别处则看
不到使用同一名称的例子。而"狐之森""狐之馆"这类名称，在各
地则常能看到。

日本海的北部有"森之狐"之词，伊势桑名一带则有"狐之森"
之说。据《慊堂日历》③天宝十二年④十一月十七日所记，越后还有
叫"狐之松原"的，虽然还不能确定该地具体位于越后的何处。秋田
县的八部潟一带，从前曾有"狐之馆"一词，此旧名估计现在仍有人
记得。菅江真澄⑤在日记《冰鱼的村庄》"文化七年⑥阴历正月十八"
的记事里，两次提及见到"狐之楯"，并配上精密的地图。两次皆出
现在背对着海的与湖水相隔的东岸的山前。读日记的开头，念到
"很多人排成一队，将装满肥料的橇拽往田里"的片段时，我以为这

①　橘南谿（1753—1805），江户后期的医生、随笔家，写有《西游记》《西游记
续编》《东游记》《东游记续编》各五编。
②　游记，1795 年刊行。
③　日记，松崎慊堂（1771—1844）著。松崎慊堂为江户后期著名学者，著有
《慊堂全集》28 卷。
④　1841 年。
⑤　菅江真澄（1754—1829），江户后期的大旅行家，著有《自笔本真澄游览
记》89 册。
⑥　1810 年。

是此间的雪季庆典。日记接着又描写道:"这个队形不停变化,像松木,像龙蛇。"我才明白它是对"狐之楣"的如实记述。日记的作者是位无与伦比的大旅行家,他说自己在那前后,几度看到过同样的光景,并曾听到过别人的描述。松前海岸位于下北半岛一角,遥望海面,常可见到与越中鱼津同样的海市蜃楼奇景。而在东北地区,有时还能看到海市蜃楼出现在辽阔的原野中心,时间大约在阴历二月中旬后冬雪开始融化的时节,当地人把这个海市蜃楼的景象也称作"狐馆""狐影"。这当然也是值得一看的奇景之一。

三

以上那些名堂都发生于陆地本不难想象,可也许是关东地区以西的地域太热闹、太开放了,或者是其他不为我们所知的原因,那些地方未见类似的例子。奥羽①也是在靠近北方一带,才有相似的光景。比如离铁路线不远的上北郡的影沼岱等地,当春野上反射雪光时,从远处可以看到像是车马往来的幻影。我敢肯定,"影沼岱"这个地名,就是据此而来。三本木平在积雪残存的二月时节,也曾

---

① 陆奥国与出羽国的合称,大致相当于今日本东北地区。

以能看到"狐影"而闻名，不过现在那儿已被开垦一新。菅江真澄的纪行里描写道：那些挂着幡旗的长矛，比人高得多，分列两排。狐狸化身为人在其间玩耍作乐。伴蒿蹊①在《闲田耕笔》里，转述了他从行脚僧那儿听来的故事，但背景放在了京都，时间上则与菅江真澄的记述大体同时。文中有"狐队"字样，很明显描写的是狐狸技艺。故事说每年近二月底，狐狸们喜欢在薄云之日出来献艺。这时周围的居民们准备好小螺号，都去看热闹。最初出来的是二三十只狐狸，一听到人们的大声欢呼，就兴起法术，于是不远处出现了城郭，城郭里出现了武士的队列，欢呼声越热烈，阵容就越壮观。他把这个城郭大阵说成是"野狐的最高杰作，再现了厨川昔时的盛况"，也许有些言过其实，但狐狸实演前代会战之景而让人观赏之事，并非偶见，其他地方也常有耳闻。至于狐狸出于何种动机，却至今仍不为我们所了解。遗憾的是，上述景观已经再也看不到了。

陆中的后藤野是一块平原，它位于地方铁路的黑泽尻站西北，接近横黑线。数十年来，那儿有个故事一直流传着，鼎鼎有名，仅我亲耳听到的，就有多个版本。它们内容差别很大，尤其在发

①　伴蒿蹊(1733—1806)，江户后期和歌诗人、文章家，著作有《主从心得草》《闲田咏草》《闲田耕笔》《闲田次笔》等。

生的季节方面差异明显。空中出现的幻象，转瞬即逝，所以记载不一致也很正常。《真澄游览行》等版本说，它发生于冬雪开始融化的正月末至二月的雪野上；而《二郡见闻私记》①等则云，发生在五六月间的晴日。在具体时间上，有说天亮前的，也有说是白天看到的。我以为，空中幻出的城郭大伽蓝、神社建筑、海边码头前行驶着的大船，以及中国地区的城市、市场等奇观，应该是天色微暗时出现在雾里或云里。这些文政②、天宝③年间记述的幻象，到底是不是狐狸所为呢？对此当时就有人持怀疑态度，但一般人皆信以为真。

四

"狐馆"这一名称，在后藤野也被认同，但直接向当地人打听，认为叫"狐之御作立"的人似乎不少。"御作立"指的是农民家在正月十四日即小年夜里装饰的各种手工艺品。信州所说的"工艺品"、越后所说的"生计木"，以及其他地方所说的"饼花"，所指大同小

---

① 收于《南部丛书》第九卷，乡土史家太田孝太郎（1881—1967）编著。
② 1818—1830 年。
③ 1830—1844 年。

异。东北地区对"御作立"尤其重视，其制作十分精良：他们用蒿茎穿起饼来挂在树枝上，模拟果实及各种农作物，目的是祈祷丰年。

"狐之御作立"则属于"野中的幻影"。尽管它曾在仲夏出现过，但主要发生于冰雪开始消融的一年之始、人们沉浸于正月气氛之时。大正三年①六月，《农业国》杂志刊登了一位当地青年记述后藤野"狐之御作立"的文章，我在这里介绍一下。文章说某野路的十字路口，有个小稻荷祠，奇事就发生在那附近，时间是阳历三月某日的夜里十一点至天亮以前。"狐之御作立"一般出现于丰年，可那一年却是个灾年，此点与常态有些出入。最初出现的是提灯队，队形一会儿组成圆形，一会儿组成钥匙形，与狐狸嫁女的仪式相同。接着是农夫挑着米出场，最后是白狐的弓箭会战。据说若是东队胜出，则是东边村庄的吉兆，反之则是西边。不过一般还未等到决出胜负，天就亮了，所以谁胜谁负不得而知。我一直希望能去当地更加详尽地了解此事，可是眼看着时间如流水一年年流去，总也没能成行。据说也有发生于其他月份、其他时辰的，但现在似乎只能在夜间看到了。虽然"狐之御作立"的发生时间、具体方式有很大变化，但在狐狸表演节目让人观赏的点上，却始终未变，流传至今。

---

① 1914 年。

奇火、神火现象，在日本到处都有，不足为奇。不幸去世的老妪或小男孩的亡灵化作小火团飞向夜空之事，也算不上什么稀奇。有个传闻至今仍在流传，说在每年固定的某日傍晚，无数的小火团汇集于高山的灵地，或者有许多灯盏会高挂在神树的顶端等。它们给人带来了什么困惑，真实程度如何，当然还有待调查；问题在于，也许是我们生活得太安逸了，这件奇事，居然至今也丝毫没有引起社会关注。对筑紫的神秘火光，人们都在随心所欲地发表评论，可是对以上传闻却不置一词，那些奇火仍然只是奇火，至今仍只是一团神秘的存在。本文虽然不能对其展开讨论，但至少能够断言：狐火虽然未变，但人们对狐火的看法却在不断变化。比如即便出生于都市的孩子，也还记得"狐狸嫁女"之名；可那"一排松明，照人夜行"的景象，却早被我们遗忘了。把"东边日出西边雨"的天气，称作"狐狸嫁女"，显然是对异常天气感到奇怪的人的随意借用。我们小时候，揭开红色的小石头，就说看见了下面前进的狐队；把手指交合组成一个窗形，就说是"狐窗"；窥探一下，就说看见狐狸穿着礼服在跑。这类玩笑话，连小儿也不会相信是真的。现在即使突然出现个新说法，也不可能广泛流传。以前陆中后藤野附近的居民，对那个狐狸举着松明的队伍的真假，至少还半信半疑。但随着时间的流逝，相信的人越来越少，最后就演变成姑妄言之、姑妄听之的笑谈了。

五

在人类社会里，日暮时分姑娘出嫁，提着灯或打着火把赶路，是约定俗成之事。狐狸当然也不可能在大白天列队前行。"嫁女"并不是个古词，人们在夜里突然看到来路不明的一排松明在遥远的野路上移动，激活了印象中姑娘出嫁的记忆，于是就把这个景象命名为"狐狸嫁女"。我这个推测，应该是合理的。虽然这个词里融进了若干逗乐色彩，但表明了它与人类最值得庆贺、最华美热闹的姑娘出嫁之事有着关联。指出这一点是很有意义的，因为它启示我们，这个被当作"狐狸嫁女"的灯火，从一开始就没有恐怖的意思，也不是不吉利的东西。

现在的狐狸以捣鬼、搞恶作剧著称，其实它的形象也曾有过和平与明朗的一面。这段狐狸的历史，我们不该埋没。在考察"狐狸嫁女"这个略带诙谐色彩的名称之前，得回顾一下我们以什么态度对待夜间松明这一自然现象的问题。虽然人们对这个现象并不是毫不关心，但问题在于，我们是否归结到狐狸身上，或者说把它和狐狸联系起来考虑了呢？前些年我编辑《民族》杂志时，收到过越后的北蒲原和上州①的桐生附近交来的两份报告。前者是某老妪有关狐狸出嫁的经验谈，说她有段时间无精打采生了病，请来巫女看病。巫女说，这个病起源于某公狐的怨怼。因为老妪在山间田地里劳作捡出石头往外扔时，惊吓了产后的母狐，造成了母狐与子狐双亡。公狐成为鳏夫后，自然对老妪积怨在心，这就是病根所在。巫女又说，某村的稻荷里有很多可爱的小母狐，老妪必须向稻荷供奉充足的食品，祈愿其派遣小母狐嫁给那个失偶的公狐。如果此愿能遂，病肯定痊愈。巫女并且还告知有只小母狐正准备出嫁。于是病人一一照办，并遵嘱虔诚地拼命祈祷。果然某日深夜，对面山下出现了数不清的松明排成的队列，病人随即病愈，而且直到现在仍很健康，还不时对人讲起这段奇事。另一份上州的报告，则不是讲什么故事，而是说旧式家庭坚守的传统习惯。报告说，娶亲之夜，如果出现狐狸队列的灯火，必须谨慎小心，赶快终止庆祝仪式。因为人的婚礼若正巧与狐狸同时举行，对狐狸就非礼了，难免会遭报应。所以谨慎人家一旦定下出嫁的日子，须在十天前带上食物进山祭狐，祈愿那天没有狐狸嫁女，或者祈愿狐狸调整嫁女时间。这个传统习惯，到底保持到什么时候？现在早已成了一个幽眇的往事了。

---

① 上野国的别称，旧行政区名，今群马县。

六

对人们去探望狼产妇之事，上文曾略有提及。现在的人也许认为狐、狼迎妻、庆贺得子之事，纯属无稽之谈，可从前的人却对此有所关注。他们从不把其他动物当回事，却偏偏对狐、狼情有独钟，比对人还要用心周到。我想这很可能是信仰所致。秩父的三峰等地有传言说：夜里若听见山中有怪异的狼嚎，即可知翌日狼家有婚庆喜事。而关于狐狸的婚庆喜事，则只说遥望松明的队列而已，再无其他信息。有关狼、狐的婚庆故事，应看作是人的想象力与巫师的合力孕育而生的。这个在狐、狼的一生中最值得纪念的结婚庆典，不仅在日本，而且在很多民族的原有宗教里，是人与神之间最重要的节点。有的国家将其极端理想化，有的国家则让其渐渐摆脱神道的束缚，稍稍保留了似乎荒诞无稽的、幽眇古老的旧形。所以我们现在绝不能只是嘲笑它们，不能听任其消失而无所作为；而必须追根寻源，彻底究明其变化过程，从而得出实事求是的结论。

不过，我们今天所知道的用明亮的松明队列送姑娘出嫁的习俗，并非自古有之。很明显，人们以前并不知道狐火是怎么回事，用"狐狸嫁女"这个名称所形容的现象存在已久。这个"狐狸嫁女"

的光景，为人类提供了最好的见习机会：当人们兴致勃勃地眺望野原路上的狐火时，自然萌发了仿效的愿望。后来姑娘出嫁时，就点起松明为灯，并与狐狸一样列队逶迤而行。《信太之森》是有名的描写狐狸婚嫁的文学作品，后来全国各地都有了类似故事。故事大多为表现感恩，比如写狐狸被优秀的年轻后生所吸引，化身为人嫁给他们，生子持家，帮干农活，让其家致富。农村到现在还常能听到与狐狸有关的笑话，比如，出嫁队伍被狐狸所骗，深夜在野地里迷了路转圈圈。又如，狐狸化身为新娘子，先赶到婆家，大吃一通；而真的新娘子来后，婆家分不出真假，闹得不可开交。类似故事虽然有些零乱，但皆应隶属狐狸嫁女系列故事。其发展的轨迹应是：最初只是狐火，后来不断丰富内容，渐渐敷衍出狐狸嫁女系列故事。因此它既容易被接受，也容易流传开来。

七

有关狐狸嫁女是一个含意深长的大题目，三言两语很难说清，这里暂且打住。下面主要谈谈狐火问题。这野火可能是天然发生的，也可能只不过是人的幻觉，可为什么很多地方，都把它当作狐狸所为的狐火呢？是狐狸的吐气在夜色里有些微光？或是狐狸走路时叨着的牛、马的骨头反光？这些推测并非空穴来风，都有历史依据，所以我对此没有异议。下面再回到陆中后藤野的"狐之御作立"上来。那儿白天云雾的暗影来来去去，深夜松明冉冉晃动，人们眺望它们时，心里的想法应该大同小异吧。东北地区的农家每到初春，把松叶拟作春苗，在雪上培起垄来，模拟插秧；又拉起大绳，挂上鞋子、槌子①，苦瓜也做成熟透的样子，人们的吆喝声响成一片，铜板、纸票飞过来，陈年老酒香气四溢……尽管是自娱自乐，可个个兴高采烈，陶醉在欢度正月的热烈氛围里。这风俗约定俗成，由来已久，并非受到了什么启示。不过，把稻米装进草袋，让马拉着车在村口进进出出的行为，尤其是很多人排成队列一齐行动的做法，都有着效仿狐狸的痕迹。狐狸本来就对人们友善，未必带有什么凌厉的野兽气息，这是明摆着的。当时东北地区的农民，是不可能具有西方人那样想落天外的想象力的，对他们来说，如果不是亲眼看见、亲耳所闻，是不可能想象出并置身于那种情境中的。他们只是为本来模糊混沌的影像赋予了具体的外形，为本来没有意义的行为添加了特定的意义，或者让其变得更加纯粹了。在留有残雪的山里，种子发芽后，老农就要侍弄秧苗；兔子出来后，

---

① 日本神话中的蛇形动物。

就要啃吃豆子。这些都是历代积累的经验。同样，人们从狐火中，也得到了很多暗示。这些朴素习俗的遗迹，在我们的时代还残存着。

传说只有东日本的一隅，把海市蜃楼称作"狐……"。那应该发生于正月里狐狸在积雪上占卜一年吉兆的时节，所以这一习俗直到今天都受到重视。但是否真有其事，证据仍很薄弱。不过另一方面，通过夜火来占卜吉凶之例，不仅在奥州，在东京也存在过，其出现的时间要早于狐狸嫁女。《柳亭记》所载的王子稻荷的狐火，在延宝年间①已经有名。每年阴历十二月晦日之夜，关八州的狐狸聚集在那里，点起狐火。当地人观看火路的形状，就知道当年年成的好坏了。此事在《江户鹿子》②里也有记载。昔时狐狸是否真能聚集一处，现在已不得而知，不过后人点起松明排成队列，据说是仿效狐火而来。被称作"装束榎"的神木，作为狐火的遗迹而为人所知。狐狸能在预定的某日聚集，是要以通晓历法为前提的，故此事渐渐变得难以置信，但在有关不知火③以及各地龙神献灯的传说里，对此事都有记载。虽然人们只在十二月除夕那天出来观看，实际上狐

---

① 1673—1681 年。
② 江户前期的东京地方志，小林太郎兵卫 1687 年刊。
③ 日本传说中的怪火。

火在除夕前后都可能出现。且不论事实究竟怎样，反正有人相信，除夕的灯火是狐狸所为，目的是让农民预知此年的吉凶。大约是为了感谢狐狸的神力与美意吧，王子以及陆中的后藤野，后来都建起了稻荷神社，开始祭祀狐狸。

<h1 style="text-align:center">八</h1>

在没有神社的地方新建神社，然后每年在神社举行祭典，哪怕这个神社再小，所处再偏僻，都自有其强烈的动机。不过，现在了解这个动机的人越来越少了。因为神社中稻荷的数量极多，所以只是单纯模仿流行样式的建筑非常普遍。有建造神社能力的人，古时也十分罕见，而其子孙对祭祀的热情则逐渐减退，忘却建社祭狐之初衷者，不断增加。实际上稻荷的兴建，总是缘起于或大或小的奇瑞之事。历史悠久、规模巨大的少数大社的出现，也许别有缘故，这里姑且不论。根据记载，或据当事人口耳相传，可知绝大多数稻荷，都是为了祭祀狐神而建的。对于把狐当作神来祭祀这件事，现在听起来有点荒唐；所以有人意欲隐匿、曲解这一初衷，似乎也情有可原。但建社祭祀狐神的最初动因，还是必须明确的。至于其他事情，延后再讲不迟。如果为祭祀者代言，那么我要说，被祭祀者

当作神灵来祭拜的，并非是一只寻常野狐。狐名尽管相同，外形也相似，但被祭祀的狐，必有异相，而且其异相或隐或显，变化自如。不仅如此，还有证据表明，它们大多是远溢出动物学常识范围的长寿者。它们能为常人所不能为，而且所做之事，都是有益于人的善事。比如新年伊始，于约定之日，向村人昭示一年的吉凶，预告每月的晴雨以及与农作物生产相关的事项。对当时人来说，凶险迫在眉睫，而又无其他手段去消除凶险，所以他们除了信仰狐神之外，别无选择。

　　然而奇怪的是，及至近世，人们竟然完全失去了对狐狸曾有的信仰，并把其当作充满恶意、专搞恶作剧的野兽。同时，在人类接受了预测未来的各种智慧以后，虽然仍有不少人按照过去的习惯悄悄地向狐神祈愿，可是却随意改变了内涵。例如，当狐狸附体于亲爱的年轻媳妇，使其搔首弄姿地调笑吃喝时，有人就会到祠堂里将狐神奉为最高之神，祈求其把附体之狐赶走。这种内容，原来显然是没有的。或者许愿说，如能顺遂祈愿者个人的心愿，将建起红色鸟居作为酬谢。用建鸟居作为酬谢，中世或偶有实例，但至少各村祭祀的稻荷不是由此而来的。也许有人难以抑制独占神之威力的贪婪欲望，但至少从原则上说，日本的神社是众人共同祈愿的地方，而不允许个人各行其是。这只原则的一端崩塌后，各种淫祀泛滥，而且无法抑制，只能任由那些心术不正之徒为所欲为。而真正的信仰，则被挤进了昏暗的一隅。这与魔术衰颓的过程颇为相似，早晚有一天会走向穷途末路。而现在作为一个过渡期，这个令人不快的现状，还将会持续下去吧。

九

为了改变上述不如意的状况，我们还是得明确把握狐狸形象的来龙去脉。仅仅因为一己的私欲与内心的恐怖，而去谄媚、祭祀这只被认为狡猾、充满恶意的野兽，那我们也太丢人了。至少得正本清源，搞清楚这不过是今人的堕落，而祭狐的初衷并非如此。幸好现在还存有几个好狐狸的故事。《枫轩偶记》①这本随笔，记述了塙保己一笑着讲述的一个故事。故事说住在江户街上的菅大助是江户一家书店的老板，相当有学问，尤其对国史很有研究，他很想了解自己的祖先。菅原大神有子二十四人，可惜只知道五个儿子的姓名。菅大助于是一本正经地向附体于人的狐狸打听，并得到了答案。不过菅大助却因此事，受到了嘲笑。人们对狐狸附体于人，似

---

① 江户后期学者小宫山昌秀（1764—1840）的随笔集。

乎已经习以为常，周围的人只是多操点闲心：比如问他从哪儿来，为何附体于人，以及怎么做才会离开人身等问题。被问的狐狸有时也会乘兴说些令人大为吃惊的奇事。那些生性对可疑之事十分敏感的人，当然会抓住一切机会刨根问底，以满足好奇心和求知欲。近畿及其附近，直到现在还保留着"寒施行"的风俗。人们郑重请来不曾附体于人的狐狸，向其咨询各种问题。现在也许会出现一些误解，但那时的狐狸知道人所不知道的东西。大家相信，只要向狐狸请教，狐狸必定有问必答，自然也就产生了对狐狸的感谢与尊敬之心。而如果狐狸明明知道，却不予回答，则可以说，那是一只道德上有瑕疵的狐狸。

越后以及北国的山村里，流传着有关村狐的传说，该传说至今仍不时引起关注。传说中的场景，现在当然不复再现了，说是在小正月①之夜或除夕夜的某个神圣庄严的时刻，山谷深处会传来巨大的声音，向村民预告即将来到的一年的吉凶，或者揭穿某个缺德之人所隐瞒的坏事。许多地方还流行过扮神的村民深夜挨家敲门送祝福之声的风俗，据说现在仍残存着某些痕迹。有的村子，把挨家敲门送祝福的工作，委托给长寿的老狐。令人尤感兴趣的是，他们一

---

① 正月十五。

般不搞祠祭，而且也不像现在这样在二月初一的白昼举行祭典。对偶然看见的进入山中的大白狐，对远远看见的大白狐爬树之景，村人并不感到神秘，讲述它们也只是使用敬语而已。那时人们对它们的态度，就像对待乌鸦的报讯、黄鼠狼的鸣叫、鸡的报晓、犬的远吠一样，平平常常。开始把它们供奉在祠里祭祀，并到处建起朱色的鸟居，应该是在人们开始信仰狐神，并出现了以此谋生的职业神职者之后的事了。

一〇

在人与人之间还不能充分沟通、相互信任的时代，每天耳濡目染的鸟、兽、草、木，自然就成了他们的朋友。人们希望通过解读鸟、兽、草、木突现的异象，探索其中隐藏的深意，从而把握动植物对人类发出的善意的预警。不过，尽管狐狸的预警曾被人普遍认可，其科学性与准确性有的甚至可与人类积淀的经验相提并论，可随着人类各种教养的发展，渐渐狐狸的预警遭到了质疑。因此，倘若没有人作为中介加以说明，那么狐狸必然被轻视、忽视，其地位将下降为与乌鸦、黄鼠狼同类的普通动物。而狐狸那些曾经风行的法术道行，恐怕也将风化为只有女人、小孩才会笑着对人讲起的笑料了。祭祀狐神的稻荷之所以能够长期存在，不是因为信仰者愚昧无知，而是因为其中有载于书册的学问底蕴，或者说有外来的经典。另外，由于中介的介入不够彻底，半途而废，所以那些陈旧过时的信仰，只能蜷缩于一隅死撑苦熬，常常不得不妥协于时代的潮流。而新出现的具有个人主义性质的信仰，却渐成气候。这真是在为狐狸祈福吗？显然是一个值得追问的问题。其实它只是给人类的信仰添乱而已，当然是我所不赞成的。

我有幸收集到的来自全国各地的狐狸故事，数量很多。只有对其精心整理、深入研究，才有可能搞清楚人与狐的关系史。可我着力探究的只是思想意识层面，还远远达不到让读者一目了然的程度。大体说来，那些规模极小、没有专职管理者的小祠，崇拜狐狸并没有什么明显收益，也就是示示盗警、报报火警之类。比如某晚有盗来袭，狐狸会弄出很大响声，唤醒熟睡中的居民；有时会用力发出两三声狐鸣，提醒大家防范火灾。但狐狸的好意，唯有深信狐道的老者方能领会。狐狸早先当有更大的神通，有过更大的善举，可都成为了传说，只为研究者所了解，那类奇事，并不为世人所相信。好不容易疑云淡了，染上了古韵，斜路上又窜出一伙儿怀有私心的人，对其或曲解其意；或夸大其实；或者把经由几十人之口的传闻，煞有介事地说成是自己亲历亲闻之事，这也颇让人着恼。但是，即便在这些偏离事实的传闻中，也可以寻绎出其沿革变迁的痕迹。人特意唤来狐狸，倾听狐狸的预言和判断，是早已绝迹的习俗。因此那些崇拜狐狸灵智而前往乞教的故事，虽难以判断其真假，但也是一种求证的努力。有类故事我们已经耳熟能详了：某个身份不明但道行很深的老者，常来与人闲谈。某夜临别时，忽然说道：实不相瞒，我是只狐狸，为了答谢你的好意，我给你讲个老故事。于是说起一之谷与屋岛会战之事，不时还用幻术再现具体战况。运用幻术，似乎更显得荒诞不经，但寿命如此之长，对往昔旧事知道得如此之多，而且所言皆见于《盛衰记》①《义经记》②这类民间普及读物，全都与史事相合，这就不能不让人吃惊了。由此可知，历史的学问，业已渗透进传说领域。现场听故事的人，当然更是惊讶不已。实际上始传于亲历其事者的这类故事，已经经过了无数次中介转述，却无人对六百岁老狐的真假提出质疑。至于这个说故事的老狐是否存在过，直到现在也无法确证，只能把它当作一个证据，说明前人早就认为狐狸具有超能力了。

---

① 全名为《源平盛衰记》，镰仓时代(1185—1333)问世的战争故事集，48卷。
② 室町时代(1336—1573)问世的英雄义侠传，8卷。

———

　　近世的随笔类，刊载了大量笔录，其中人与狐的问答，大体上事先已由题目规定下来，而并未让狐狸去讲述自己的亲身经历。问方总是首先问狐狸，为何要附于人体？为何有时并无特殊目的，却要钻进女人及小孩体内，夺其食物，致使他们衰弱而死？此类问题总让狐狸困惑不已，难以应对，其回答也就几乎千篇一律。狐狸的社会里也有等级，通天神狐是不会做那些坏事的。把坏事都归罪于野狐，虽然有嫁祸之嫌，但实际上很多人做如是想。这自然也是时代思想的投影。从前乡村有很多对众狐有统治力的山神、神主，如果它们死后没留下后代或弟子接班，就会引起众狐的不安。群狐无首，又受饥饿逼迫，便不择手段地到处觅食。它们附于人体作祟，想来是出于避难免灾的需要。这些怀有恶意的狐狸，在九州各县，现在仍被称作"野狐"。江户有个小说化的杂谈里，写了这样一个故事：一对贫穷的夫妇家里，出了个作祟的狐妖，夫妇不赶走它，反以之为幸，尽其可能好吃好喝招待，博其欢心。狐妖感到纳闷，问道：为何如此待我？夫妇答道：我们生活太苦，君的法力可否借来一用？狐妖答道：那得另请高明，我可没那个本领。说完就走了。

如果能够分出狐的优劣善恶，那么祭祀善狐与驱逐野狐，就可以避免出错了，不过现在善狐的数量，已经少之又少了。

也有少数野狐具有神通，有惊人之举，所以区分善狐与野狐并非易事。我曾说过狐狸留下的保证书极少，但仔细搜寻的话，也还是能找到。有人在宇都宫成高寺曾发现过狐狸执笔的保证书，落款为元禄十六年①六月七日。保证书作者附体于觉道，后因高僧的祈祷而被撵出，明显是只野狐。其在保证书上发誓说："今后绝不在寺中作怪兴灾。"字迹相当清秀。在现存的狐狸书画中，水平高于人的，达数十件，它们都是出自天狐、空狐之手。其中也有水平低劣的，那就不是乙次于甲的差距了。在发生源平合战②、川中岛之战③的那个时代，五百人中还没有一个人会写字。单凭这些书画，就足以确信其作者绝非等闲之辈。神狐们如果不刻意露一手，一般人就不会去注意它们。那些具有狐狸信仰的人，特意把狐狸书画保存下来，说明他们喜爱这些书画，并持有让其流传于世的良苦用心。

---

① 1703 年。
② 1180—1185 年源氏与平氏两大武士家族为争夺权力而展开的一系列战争的总称。
③ 1553—1564 年武田信玄与上杉谦信在川中岛地区进行的五次战役的总称。

一二

关于书画之事，我以前在《山之人生》中曾举过很多例子，后来又发现了几例，但这里不拟补充。狐之外，狸有时也用同样的方法去亲近人，但对其传授系统，现在还比较模糊。有些不寻常的老人像寒山、拾得①一样年寿极高，他们长年住在或进出于颇有来历的旧家、大寺院里，有的在临别时才把自己是狐或狸的身份告诉主人，有的则是被狗咬死而暴露了身份。自关东地区至中部地区，流传着发生于镰仓时代的一个故事。主人公是个在建长寺建山门时负责筹集捐款的役僧，这个役僧可能就是狸变的。不过它筹集的捐款最后是否送至总寺院这件事并不明朗，它最后被狗咬死的结局，更令人感叹唏嘘。俗话说，善有善报，可不少狐狸行善，却未能善终。也有人对化身为人的狐狸露出马脚的故事津津乐道：像什么耳朵会动，将食物倒在地上俯身舔食，在浴缸里漏出了尾巴。它们善于隐身，有的直到最后自己坦白身份为止，才暴露正身。它们不曾害人，但也没有特殊的本领，可大部分却下场悲惨。这种现象的发

---

① 二位皆为中国唐代诗僧，以长寿著称。

生，表明了人们对狐狸的信仰已经进入了末期。我这样说是有根据的。假如近世的迷信大师，没有做过将狐狸故事与人性弱点联系起来的尝试，那么就不会出现那败人胃口的五种或七种狐狸故事。而我们在炉边感到无聊时，就会像欣赏剪影画那样，欣赏着古老的狐狸传说；像欣赏西洋娱乐那样，感到轻松愉快。如果古老的狐狸故事传承到现在，说不定能够渗透到我们的民间文艺之中，发挥积极的作用。而那些丑化狐狸的胡说八道，却糟蹋了美好的传说，让我们不再对它们感到兴趣。这真是太遗憾了。

狐狸化身为人与人相处时，谁也不会去怀疑它们的身份，但实际上很少有比日本的狐狸故事还要良莠不齐、杂乱无序的了。人要比狐狸复杂几十倍，但这些矛盾，并没有反映在有关列传里。人们对于狐狸的概念，随着时代而不断改变，所以很难把握狐狸的真相。人们认为狐狸的本性就是行骗，所以始终警惕它们；可是故事中的狐狸却并非那样，总是实话实说，而且只谋眼前之利，并无远虑之智。有时狐狸附体于人，只是为了填饱肚子而已。而像木曾的蜕庵、美浓的梅庵、京都妙心寺的宗丹那样的狐狸，温柔典雅，有教养，讲诚信，在世俗社会中，生活得就像一个普通的绅士。它们的生存境遇千差万别，可并非物以类聚，同类的狐狸，从不共处于同一个时代，特别是那些寿命极长的老狐更是如此。我国稻荷的狐狸信仰虽然历史悠久，可找不到一个老狐的身影。仅此一点就可以断言，稻荷虽把狐狸作为神来祭祀，但祭祀工作做得不到家，所以对人的影响有限，本来它是可以发挥更大作用的。为了纠正世人无意义的动物崇拜倾向，制止对狐狸的胡乱臆测，我们对人狐之间早期的亲密交往的状况，有必要予以更细致的说明。

一三

本文一开头就申明主旨是讲飞脚狐的故事，但越扯离题越远，现在赶紧打住，言归正传。简而言之，神社、祭祠哪怕再小，也必定在某个时期发生过让人刻骨铭心的奇事。它们的缘起，大体可归于因信仰的逐步明确化所致，还可以细分为新旧等不同的阶段。稻荷的数量近年来迅速增加，其中继承前人精神、模仿前人形制的稻荷固然很多，但也有些稻荷目的不明，只是为祭祀而祭祀，忘却了建立稻荷的初衷。对稻荷的缘起加以比较，常会有所收获，比如我注意到一个现象：尽管稻荷与稻荷之间地理上相距很远，但异地共生，有时会出现完全相同的巧合。其中有些现象，用今天的常识很难解释，所以更让我们感到珍贵。

飞脚狐就是异地共生的现象之一。喜欢旅行的人都会注意到，在全国的古城址公园的一隅，几乎都有一个稻荷神社。因为比一般民家院内的漂亮醒目，所以被广为信仰崇拜。史料中不乏诸侯敬仰狐神、与臣下共祭的记载，民间也广泛流传着感念、感谢狐神之德的故事。这些故事中的同类性质很值得我们注意。享祭之狐从不搞恶作剧，也几乎不做附于人体作祟之事。平常并不露面，只是在主家遇到大事时挺身而出，干那些人所不能为而欲为之事；而这些事往往只有飞脚狐方能胜任。比如，至江户的十几日旅程，飞脚狐往返只须两三天，且还负责传送重要信函文书。一开始谁也不知道飞脚狐的真实身份，可大多数飞脚狐的结局还是和建长寺的狸僧一样悲惨，有的被茶屋的狗咬死；有的遭老鼠算计，掉进陷阱而亡。而其狐狸的真身，也就随之大白于天下。对于享受着现代交通之便的人们来说，也许很难设想，当时人们痛感不便的，正是信息闭塞。仅仅因为事发地点不同，就对该事一无所知，是那时普遍存在的现象。无论何人，一生中总会有两三次遇到这种尴尬。正因为有此种痛苦的经验，所以即便在享受现代通信的现在，也还流传着通过昆虫传递信息的老故事。虽然时间已逝，但历史还在；虽然事过境迁，但口耳相传。当然，我也不能忽视预知未来的预言家之力，有的狐狸正是这样的预言家。认同狐狸预言能力的人，也并非少数。社会的进步，使我们现在已不为时空距离所困。不相信狐狸能力、认为那些故事很傻的人，当然也是很多的。时间与空间的距离，自然要伴随着许多不便；人们日常活动的时空也仅限于最必要的那一点。《今昔物语》①里有个利仁将军薯粥的记事，说有个不速之客为了尽快与夫人取得联系，路上捉了只野狐，让它去传令。野狐飞速前往，附体于夫人身上，让其做好了一切准备。这件事现在听上去似乎有点荒唐，但在那时却是理所当然。对狐狸的这种认识，在日本持续了六七百年。

一四

下面介绍一下我所了解的近世实例，先说一下东北秋田市公园的与次郎狐。与次郎狐很早就死于非命，在新庄被寡德的猎人所猎杀。对它的祭祀曾繁盛一时，但现在只是祭祀其灵位。而当时有关书信的照片，据说现仍珍藏于佐竹家里。其次说到米泽领长井的御城代庭院里的稻荷。这是城代的老臣岩井大膳修订饭纲之法时使用过的两只狐狸，一只位于右近，一只位于左近。《米泽地名选》写了

① 通常称作《今昔物语集》，平安时代后期最长的故事集，31 卷，收集了 1 040 个故事。作者不详，成书于 1110—1124 年。

祭祀它们的缘由。说是某年御城代寄往幕府的书信投寄后，阴错阳差，发现装进信封寄出的只是草稿。御城代发现错误时，想派人再送已来不及了。于是让大膳叫来狐狸，在其颈上挂上信盒派其送信，狐狸仅仅一昼夜即送到并赶了回来，可却因为疲劳过度，倒地而亡。累毙的狐狸，是右近的那只，还是左近的那只，已记不清了。后来又发现，这两只飞脚狐根本未把送信之事放在心上：快到江户时，还到古河附近的松原闲逛；瞌睡了，就在路旁休息小憩。睡梦中就觉得有什么碰撞颈部，发出了响声。狐狸惊醒过来细细察看，信盒上并没有丝毫异常。结果信仍然如期送达，所以幕府并未使用先送出的草稿，狐狸由于立下了此功，所以得享祭祀之荣。

江户初期发生的一事，似乎是早年同类奇事的翻版。《镰仓志》①里有个志一稻荷，估计该稻荷现已不存，其来历很有意思。说是筑紫有个僧人叫志一，在北条氏执政的年代，因打官司来到镰仓，让老狐回去拿文书。那老狐一夜就跑回九州又返回镰仓，回来后就累死了。后来为了纪念它，就建了志一稻荷进行祭祀。据说志一是一位盲人法师，这种人总是能记住并会讲很多老故事。

---

① 又名《新编镰仓志》，江户早中期何井恒久等编，8 卷，1685 年刊行。

再讲个现在仍在信州松本城里流传的故事。信州松本城的藩主家里有一只狐狸，城主常遣其作为使者去江户。这只狐狸三天就能往返，所以很受宠爱；不过它最终是否作为狐神在城中享受祭祀，却不太清楚。据说这只飞脚狐途中总在一家茶屋休息，某次离开时忘了付钱，被人追上去讨要。为试探其是否为狐狸所化，有好事者故意将油炸鼠肉置于墙角，结果该狐果然去啃食，从而露出了破绽，被人打杀。死后才发现它身上带有藩主书信，当事人因此慌作一团。从松本到江户三天来回还算不得最快，因州鸟取御城山的经藏坊狐，到江户单程有二百里的距离，那狐狸两三天就能来回。它在播州路上中了烧鼠的圈套死后，当时并不为人知，后来法印通过占卜，才知道了它的悲剧。此后为它在城中建了祠，现在该祠早已声名远播，可谓无人不知、无人不晓。经藏坊、法印都是大名鼎鼎的显赫人物，小小的狐狸却能与他们相提并论，并留下一段佳话。云州松江城的新左卫门新八，经历也大致相同。大和的源九郎狐狸的逸事，在以《诸国里人谈》[①]为代表的许多旧记里都有记载，它也是一只飞脚狐，夜里在中山被狗咬死。飞脚狐自然也出过错，但在那个时代里，它们对人的帮助，被广泛认可。

---

① 菊冈沾凉（1680—1747）等著，须原屋平左卫门 1732 年刊行，5 卷。

一五

地理条件的得天独厚，是城堡与狐狸发生深刻关联的一个原因。城堡内因为人少，狐狸的生活几乎不受限制，更多地给人们提供了观察狐狸自由行动的机会，从而易于激活人们对狐狸的古老联想。狐狸在城堡内漫步，与在猎场、野地里逃窜的姿态完全不同，不时会伫立回头与人对视。这些聪明的野兽，能从人们的目光中捕捉到善意。于是这无声的互视虽很短暂，却在两者之间默默达成了互不加害、友好共处的和平协议。人们并非只是信仰狐狸一种动物，白鼠、青蛇亦被当作庭院的保护者，同样受到崇拜。无论何种动物，只要它具有神力，或者从外形上被认为是神，就可能受到敬仰，不过二者之间并没有严格而明确的界限。

人对狐的认识，在开始时自然有些含糊不清，但随着接触的增多和认识的深入，祭祀狐神就被提上了日程。可能有很多人已注意到，社、祠建立之时，并不是对于狐神的信仰之始，信仰要远远走在建社祭祀的前面。信仰者心中早就有了敬畏的神灵，当觉得有必要固定场所与时间、每年定时定点举行祭祀之后，才会开始建社、建祠供奉神灵。建社、建祠并非易事，要克服人心的动摇，还需要借助仲介、先达、修行者的力量。人们所接触的所谓新奇迹，其实都是些老话；社会上流行的，都是创设神社之前的旧事。对这些老话旧事，信仰者早已耳熟能详，所以建立神社来重新解释与强调它们，人们心理上很容易认可并乐于接受。举例来说，佐仓宗五郎受刑之日，要比创建御堂早了一百几十年。在太宰府有关天神的讣告公布几十年后，北野才建立起神社。羽前长井的御城代庭院、鸟取城内的稻荷神社，在做出建祠祭祀的决定时，相关故事早就在流传，并且在流传过程中一点一点发生着变化。由此不难推想，本事的出现与神社的建立，其间相隔了很长时间。没有这个漫长时间的消化，那些奇奇怪怪的珍闻、形形色色的狐狸，就不容易与神社完美地结合起来。

再如肥前大村的玖岛稻荷，祭祀的是久居大村侯所居三条城中内山里的白狐。某次强敌压境，来势汹汹，可没多久，强敌不放一枪即自行遁去。当晚出现一白发老人，对大村侯说道，我用山上之萱小松充当大军，高大松杉充当军旗，使敌军惊恐而退。这个故事大概是大村侯做的梦吧，倘若实有其事，这只白狐可真是花了大力气了。武州熊谷的弥三左卫门神狐的故事，也传得沸沸扬扬。说某日双方会战，一方吃紧，此时一个从未见过的武士突然现身，战况于是为之一变。这个武士与《徒然草》①中的土大根一样，自称是主人家的一只狐。并说道，此后若有紧急情况，召唤弥三左就是，说完便告辞而去。这个故事讲的应该是近世之事。艺州广岛的泉邸祭祀的白狐，又是另一副面貌。某日，一只白狐出现于君公面前，自称已寿至千年，亲眼见过当时的源平大战，并召集部下像《盛衰记》所写的那样，把大战的盛况实演了出来。但这个故事似乎存在些漏洞：比如这只高寿白狐，竟用手指指向年轻的部下，教他们演戏，看上去很不自然。白狐又说自己的千年之寿仅剩五日，将在备前侯的猎场中箭而亡，说完就离去了。君公急忙派遣乞命使者前往说情，可惜为时已晚。使者只是带回了白狐的纹服与君公赐予的墨宝。不知道故事出于谁的加工，未免过于夸张。但即使不是这样，对这种程度的故事，民间的反应也已经变得冷淡，而不会产生为其建祠的冲动。还有的故事说，某人只是因为珍藏了狐、狸的书画，就被某村的狗咬死了。故事很悲惨，可很多听众也就是咧嘴笑笑而已。也就是说，我们的狐神信仰，至少在公共团体中，已成为过去的一页历史。人们对那些老生常谈已经习以为常，不再感动，而且这一倾向越来越明显了。

---

① 日本三大随笔集之一，吉田兼好（约 1283—约 1352）著，写于 1330—1331 年。

一六

　　下面我简单说说我的结论。从前狐狸对人亲切，它的眼神与举动含义丰富，一直被作为能向人预警的动物而受到人的信任。当然它们也做过坏事，有善恶之别。只有那些与村庄结有深缘的老狐，服务于村人，能预知未来，通晓往事，而且能为人所不能为之事。后来就出现了祭祀它们的小型神社。命名为稻荷是专家所为，狐狸们并不知情。在人与狐之间，之所以需要仲介人，是因为灵狐之教，需要很多时间方能彰显出来，而人们却迫不及待，所以请来专门解释之人。其结果就是巫师的作用被大大强化，甚至被滥用，这见诸于各种记录。如果没有这些仲介干预，村庄里人与狐狸自然接触的频度有限，一般只是在约定的日子，供奉狐狸，接受狐狸的暗示。随着期待的渐渐落空，人们对狐狸的信仰，也就越来越淡薄了。于是，仲介人介入进来，大兴说教之风。至今仍有若干人，将所谓信教自由发挥到滥用的程度。

　　其实旧有风俗并不是可以全面革除的东西，正如火山国的地层是由新与旧的层次共同组合而成的那样，其混合体很难分开。河川平原常见的小石块、砂砾，也是各种颜色的地质碎片掺杂在一块儿的。我们对它们的态度不应该一刀切，而应该进行细致的整理。一个国家的民俗学，只要向前迈出两三步，融入社会中，就可能取得成果。我们稍作思考，就不难懂得凡事总有多个侧面的道理。过去倾听狐狸预言的日辰，都出于临时决定，不管预言者是附体于人的轻浮狐狸，还是正式应邀而来的狐狸。但京阪现在仍在举行的俗称"寒施行"的降神仪式，时期却相对固定，一般在正月前后的寒冷季节举行。这与奥州的旷野出现"狐之御作立"的时期、越后山村白狐预告一年吉凶的时期，大体一致，这应该不是偶然的巧合。又听说在中部农村被称作师走狐的狐狸，进入正月后，增加了叫唤的频率，声音也与平时稍有不同。虽然我以为这或许是进入繁殖期所引起的，但通常人们认为这是因为寒冷，或是食物不够所致。于是就有人把红豆饭的饭团、油豆腐果等美食，趁夜放在林边、路旁等狐狸出没的地方，以供它们进食。据我所知，其时必有降神的修行者同行，途中在堂宫或修行者之家集中，聆听狐狸之言。参加者中不乏凑凑热闹的门外汉，但因为费用是由参加者共同分担，所以凑热闹者的加入，对于精打细算的人们来说，并非坏事。遗憾的是，人狐之间的问答，并没能流传下来。通过祭狐而接受狐神之谕示的活动，很明显留有狐狸信仰的原始痕迹。也就是说，新年伊始迎来灵物现身并接受其谕示的信仰，现在虽已消亡殆尽，但它的原形仍约略可窥一斑。

一七

来到东日本，事情与上面又有些不同。曾经作为祭坛供养狐狸的狐冢，尽管现在留存的数量很多，但在其上摆放祭品的情景，只留在记忆中了。人们在狐冢旁听其吉凶预言的习俗，也已了无痕迹。这一是因为沟通人与狐的职业仲介者急剧减少；二是因为农民所看到的，只是狐狸的危害越来越多，狐狸的好处，却一个没有。那时的习俗，在那须的乡土史话里可以读到：初春之时，人们将各种食物献至狐冢，祈愿其为自己避祸免灾。说是狐冢，实际上也包括其他兽冢。这个习俗与东京及其附近在二月初午祭祀稻荷的惯例，是比较接近的。

初午是阴历二月上旬祈愿丰收的祭日，它和现在国定的祈年祭主旨相同。其必须在午日举行的理由，虽无文书说明，但大约与马有关。在三河至美浓的山村一带，此日的风俗是：牵马登山，在灵地割取小竹子和草，然后放在马厩里保存。也有说主要是为马祈祷，所以择定了午日。此外，还有的地方设有祈祷麦子丰收、祈祷蚕业丰收的重要祭日。举行祭祀，绝非仅仅祭祀狐狸，这在全国都是如此，只是京师早就有午日登拜稻荷山的习俗，而江户已建有稻荷祠,所以祭祀文化在表面上渐呈统一趋势。虽说狐狸与农业的关系渐行渐远,但除去文学化的信太妻之例,现在分布于各地的娶狐狸老婆的古老故事,皆与农业相关。那些狐狸老婆,都给所嫁之家带来了丰收。在能登的万行、信州的重柳,狐狸用"稻穗秀出粒粒饱满"来预言丰收,后来果然稻作丰收,稻穗粒粒饱满却不显于外,因而还免去了年贡。这首说法带有近代色彩,颇为有趣。另外还有叙事之歌:

> 狐狸那个种田啊,
>
> 不用锄头不用肥。
>
> 株高八尺穗五尺,
>
> 马驹如何种得出?
>
> 八穗的面粉七斗五升,
>
> 谢谢你呀,小狐狸。

这首歌颂信太的狐狸妻子功劳的古歌,在津轻现在还能听到。所以把稻荷解释为农神,是有充分根据的。

可好景不再,时势让狐狸堕落成遭人咒骂的动物,它们不但不再帮助农民,而且一味给人添乱:摸进村里偷鸡,在路上偷醉汉的蒲包，附体于弱小女子而破坏民家的正常生活。时势又是什么呢？那就是人多了，野山少了，狐狸自古以来优哉游哉的生存环境消失了。它们为了得到一丁点儿便利，不得不聚集在村落附近。它们除了在社寺、邸宅中群居以外，已失去了安居之处。恰与人类往都市集中一样，狐狸也迫不得已，从孤独的田园迁移到人烟较多的地方。设身处地，将心比心，对狐狸来说，这并不意味着文化的进步吧。

一八

这是一个很大的宗教学上的问题，如果一个受过教育的行僧，信教不是出于信仰而只是为了谋生，那么所谓自然宗教，必将展开完全不同的面貌。而人们对狐狸的信仰，恰可作为一个例子。无论哪个民族，对那些无法用书籍、教义来教诲的人，只能靠经验来启发他。这个经验就像我们所经历的那样，随时都在被补充、被修正；而当它们不再为生活所需要时，很快就会被忘掉。哪怕那些经验能被记住一半，人们困惑的概率也会减少许多。让我觉得滑稽，甚至不能容忍的是，当不知该称作朴素还是愚顽的大部分乡民早就把狐狸当作傻瓜时，那些精明万分的经纪人、承包商、茶屋的女老板等，反而在稻荷前不停祈祷、磕头如仪。在以前的社会里，以自我为中心的人，即便讨好狡猾的狐狸，也很少会接受没有收益的信仰。无论普通人还是大人物，大家一起由衷地赞美灵兽的景象，已成明日黄花，正经的传说现在已被当作笑谈。虽然从前那些有关因轻视狐狸而吃亏的教训仍在流传，但已不足以让人恐惧，人战胜狐狸的美谈反而更多。虽说旷野上的狐狸还保持着一些威严，但城镇里的狐狸已然完全屈从于人。硕果仅存的年初狐祭，也被人居高临下地叫成了"施行"。

　　必须注意的是：从京都、兵库的北部，到若狭、因幡的广大地域，农村里主要举行的"驱狐"仪式，与这个奇异的"狐施行"习俗，很可能存在某种接点。从前正月十四日晚上有一个隆重的活动，人们在辞旧迎新之际，请来狐狸，洗耳恭听其预测一年吉凶，这一天也就成为了款待狐狸的纪念日，而现在却演变成了驱狐的仪式。当时人最看重正月，包括商品推销商在内，都认为小年夜举行仪式最为有效。例如，通过驱赶鸟雀、土鼠来驱逐病魔、睡魔的仪式，也都放在这一天。不过，将驱狐也列入仪式名单的，唯有上述地区。有趣的是，这个仪式并非严格承袭了古来形式，其中掺杂了若干游戏成分，显然是后起的衍生物。例如，福井县西境的村子里流传着下面这个歌谣：

狐肉寿司有七桶，

未满八桶可不成，

犹须猎狐去山中。

在狐狸通常出没的深山里，即兴吟唱歌谣以威吓狐狸的例子，别处也有：

食狐肉，味道鲜，

残渣塞牙须牙签。

这些歌谣，都有着拿狐狸寻开心的性质。也就是说，人们虽已不期待狐狸的恩惠，但多年养成的亲切感尚未完全消失。所以"驱狐"仪式，应是对狐狸仍有几丝牵挂的时代产物。因而，我认为，它与"寒施行"仪式有着某种内在关联。现在村庄里热衷狐祭的先贤越来越少，把倾听狐狸预言与自身利益结合起来的人，也近乎绝迹。因此，自然而然地，驱逐狐狸的势力，已经大于款待狐狸的势力了。仅就此点而言，繁华地区反而还残存着狐神信仰。

我的家乡等地，从前驱狐时嘴里要发出"喔啰啰"的声音。所以在驱狐之夜，成群结队的儿童嘴里发出的"喔啰啰"的叫声，响彻村路。这个"喔啰啰"的意思，我也不明白，大概是寻找什么时的喊声。我几乎不通音律，唤狐的声音、安倍保名戏里的小调、寻找迷路孩子的锣声，都发出"哐砌哐砌哐砌砌"的声音，都有着一定的节奏，我感到它们与驱狐的"喔啰啰、喔啰啰"之声有相似之处。如果在将来的某日，人们终于认识到以前人们并不驱狐，而是在年初聆听狐狸的祝颂之言，认识到人与狐的关系曾经这样亲密，那该有多好啊！可这一天会到来吗？如果只是固执地认定狐的过去与现在都同样黯淡无光，那么，无论对狐还是对人，都是不公平的。

（昭和十四年九月）

附　记

读《常陆国志》①，可知秋田城内的与次郎狐，一代一代附属于佐竹家。与次郎狐在水户则被称作籾藏与次郎，某年出差东京时，被杀于途中。常陆方面的记载说，佐竹家任职他国时，该狐狸与他一起去了羽州。

---

① 常陆国为日本的旧行政区名，相当于今茨城县大部。《常陆国志》为该地区地方志。

坂川彦左卫门

一

因州鸟取的藩士坂川彦左卫门，某日扛着猎枪去野外打野鸡。忽然有人从松林中出来问道："您是去打猎吗?"定睛看时，此人的样子像是家仆，却有张狐脸。那人又说："我陪您去吧，我今天出来是得到夫人允许的。"左卫门应道："好啊，你帮我拿一下猎枪。"边说边把猎枪交给了他。"明白了。"那人答应着，扛着枪跟在了后面。来到一户农家门前时，左卫门说："我休息一会儿，你去看看附近有没有鸟雀。"然后就进了农家，坐下后叮嘱农人说："一会儿看到好笑的东西，你们别笑。"过了一会儿，那个狐狸扮的家仆，扛着猎枪大大咧咧地进来了，说道："没找到野鸡，白忙活了。我先歇一会儿。"说着就在厨房的一侧坐了下来。农人忍住笑，端来了茶。那家仆说："先给点水吧。"于是农家打了盆水给他。狐狸接过水来，却发现水里映出的是一张狐脸。它大吃一惊，扔下了脸盆，飞也似地逃掉了。于是左卫门与那农家哈哈大笑了一通。这个故事见于江户无名氏的《寓意草》①，是用难写的平假名写的，写于宝历②、明和③时期。我未去过鸟取，但听过这个故事。近年我又读了铅印本《因府夜话》《雪夜清谈》。鸟取因为是个雪国，夜谈之风盛行，有关狐狸遇到猎人的奇谈很多。对坂川彦左卫门这个人名，我有点眼熟，似乎在别的地方也出现过。杂谈产生于地方，它在传播中自然会受到当地兴趣的影响，坂川彦左卫门或许也是别的狐狸故事的主角。上述故事一直被认为是没有事实依据的虚构，那么是谁撒下了这颗无根草的种子，编造了这个虽无事实却有品味的故事呢？我对《寓意草》后所附的若干后续故事，也是兴趣盎然。其中有个后续故事说：左卫门第二天仍去打野鸡，拨开小松林时，忽听近旁的草丛里有人叫他。左卫门问道："谁啊？"但没人回答，也不见人影，只是耳边传来了一句话："昨天丢人现眼了。"想来说话的，就是昨天的那只狐狸，它本来想出出风头露露脸的，可因

---

① 随笔集，一说作者是冈村良通（1699—1767）。

② 1751—1764 年。

③ 1764—1772 年。

为变人术的失败，反而丢了颜面，当然要后悔不迭了。不过，他能够坦率承认失败，还是挺绅士的。曾听说从前某寺有个和尚，因诉讼而来到镰仓的北条泰时那儿，刚听完对方摆出的一条条理由，竟不再申辩，当即敲了下手说："我输了。"后来他认输的直爽劲儿被传为佳话。可见上面那只狐狸和这个和尚一样，都有坦然认输自嘲的风度。倘若真有其事，那与今天的世风，是太不相同了。

二

实际上我们所听到的各地治狐的故事，有很多与上述记事有类似之处。印象中关西地区也有，但眼下一时想不起来。那些故事里的狐狸，心怀鬼胎，常常化身为年轻姑娘或婆婆，外出行骗。而被人识破后的遭遇却各不相同。有个狐狸被邀请骑马，套上马鞍后被捉。南部小轻米某山谷的狐狸，被寺泽的僧官法印捉住后，屁股上的毛被烧光了。狐狸逃遁时叫道：

　　寺泽僧官，笨蛋僧官
　　烧我烤我的大坏蛋

大坏蛋，大坏蛋

　　这个有趣的语调节奏被记载下来，现在还保存在《九户郡志》里。还有个故事说，有个"袋狐"想行骗，反而受了骗，被装进了盐袋里，吃了满嘴盐或者说被塞了满嘴盐。过了三天，当抓它的老汉又路过其旁时，这只狐狸在弯曲的松枝上叫道：

　　新井田的咸老头

　　《远野物语》①说有个男子让狐狸吃了盐后，第二天走同一条山路时，狐狸在山上"盐屁股，盐屁股"地大声叫骂。我们知道，人们讲故事时，为了渲染胜利的快感，常有添油加醋的倾向，此时让狐狸说上这么一句，不过是插科打诨的应景之语，当不至于流传到各地，可这句话却能流传开来。因此，我认为，它流传的背后，必有我们不知道的原因。

　　以前曾有个故事说，为了吓唬朝鲜人，人们有意把加藤清正称作鬼上官。再往前追溯，还有个故事说，有个名叫熊袭的酋长，被

---

　　①　有关岩手县远野地区的故事集，柳田国男编著，1910 年出版。

年轻有为的尊贵皇子诛杀，但他临死前还献上了新御名。说它们之间丝毫没有关联，大概谁也不能断言。在日常生活中，证人总是自己人，总希望人们尽快忘掉对己不利的不愉快之事。可他们仍然保留了上面这些骂人话，使其流传下来，可见其给人的印象之深。而在这一点上，古今有着相同之处。仔细搜寻的话，在东京附近农村，也能找到几个类似的狐狸故事。比如《续甲斐昔话集》①有个故事说：七八十年前，甲州莺宿村有个赶马人叫长右卫门，他路过莺宿峠的山路时，碰到化身成村里常德寺小僧的貉，长右卫门骗它钻进马鞍后，和老伴按住它，把它放进火炉里烤。貉全身的毛都被烧焦、缩成了一团，叫喊着求饶，总算被宽恕放回家了。此后连续六个晚上，它都从山里来到村头叫骂，整个村子都回响着它凌厉的声音：

烤长右卫门的屁股

烤长右卫门的屁股

它一遍遍地吼着，村人、路人没有听不见的，从此出了名。后来这

---

① 收于《诸国丛书》第五卷，土桥里木著，乡土研究社1936年出版。

句话竟成了长右卫门的绰号。这个故事，坂川彦左卫门只对专门来打听的人讲过一次，所以其真实性总遭到怀疑。我以为哪怕是有关狐狸、貉、狸的小故事，为了让其代代相传，具备一个相对固定的故事模式，是很有必要的。

三

认为古人比今人有轻信倾向，易于相信外界事物，是由同情心相对欠缺的外国观察家首先提出的，对这个结论，我们不应该轻信。任何时代，当人们看到与自己的经验、常识相反的东西时，自然会产生惊讶、奇怪、担心等情绪。许多证据表明，处在幼稚文化圈中的人，此种情绪反而更加强烈一些。被前人认为天经地义的东西却在后世被推翻了，这样的例子不止一个。人的背后隐藏着巨大的无形之力，那些被隐藏的秘密，只要当事人不提，它就永远都是个秘密。神秘的巫师之言也好，尊贵的文艺也罢，但凡不欲提及的东西，就可以让它成为秘密。实际的情形是：普通人一般不会对他人大肆宣扬那些不曾给自己带来喜悦、自豪的东西，我觉得做出这样的推理，是很自然的。在前人的记录里，祖先遭受风暴、痛苦不堪、被神救赎的过程，是由演员通过手舞足蹈、辗转腾挪来模拟、表现的。在庄严的祭庭上，他们扮演被嘲讽、被取笑的对象，讲述过去的事情。也就是说，他们通过承认自己失败的方式，更有效地还原了历史。这种方式，虽然在外形上有些变化，但在各地的祭神活动中还常能看到。

不过要证明人战胜狐狸、狐狸服从人，并不是一件轻而易举的事。现在很少有人相信狐狸具有人的语言和感情，更不相信狐狸具有与人亲近的愿望。在以前和平安宁的田园生活中，狐狸几乎被当作唯一的敌人。人为了增加自信，很多传说都称颂勇士们或者勇敢机智，识破了化身成人的狐狸伪装；或者用计让狐狸上当，夺取了狐狸的宝物。其实这不过是人类愉悦自身的一种浪漫想象而已。现实中广为传播的，大都是人被狐狸玩弄以及承认失败的故事。如果没有那些明知说谎却边笑边听的故事，人们就不能享受当听到狐狸夹起尾巴投降时产生的喜感了。到了近世，随着教育的发展，狐狸行骗的实力渐渐被削弱了，就像在因幡鸟取发生的那样，狐狸的行骗，以失败而告终。不过，哪怕这个故事仍在流传，在没有确凿证据的情形下，人们至少不会像最初那样对此事的真实性坚信不疑。天狗的道歉信与河童的道歉信口碑很好，在地方上广为流传，其中还保留着写得很奇妙之处，因而出现了对这些妙处津津乐道的人。但它们大多已经失传，被保存至今的只是一些出处不明的只言片语。这些只言片语对有关研究者来说，是能够增添研究信心的非常珍贵的资料。有故事说狐狸能书善画，写字毫无问题，但狐狸之间互相信任，交易方法朴素简单，不用立下字据，只以口说为凭；或者像前文所写的那样，一方发出宣告，去要求对方妥协让步。与人和人的交易相比，狐狸之间的交易更具古风，这应该是不争的事实。

四

狐狸是种什么动物呢？用今天的思维方法，其实很难对狐狸做出概括，因为找不到任何根据。如果有人听风就是雨，慌忙去医生处就诊，又对医生说自己的病是听别人说的，医生会怎么想呢？也许会认为这个人撒谎吧。可这个谎言又说得那么郑重其事，并不能简单地归为谎言。从前人们对狐狸故事虽然不会轻易相信，但只要添加一些证据，就具备了流传条件。此时重要的不是辨别真伪，而是觉得必须让它流传下去。看上去以上只是些无聊的空论，很不起眼，但我们却能据以发现不易被人察觉的社会变迁，并感受到传说所具有的强劲生命力。有人担心这些古老的传说如果不通过特定人群的大力传播，就会因失去听和记的价值而自生自灭。这种担心颇为流行并很有市场，于是很早就造成了故事传播业的发达。为了促使其流传，难免矫枉过正，有些人很随意地虚构或改写原来的故事，他们也就是后世所谓的作家。如果没有他们，往昔日本人的信仰，尽管大部分会被遗忘，但也许会留下一点纯粹的痕迹，就不会出现目前这个只有让人茶余饭后狂笑不止的故事才能流行的时代了。从前是个精致的社会，故事中登场的都是些正人君子，所以简单的原始故事也能抓住并打动很多淳朴的人心。可那时优哉游哉的节奏，现在已经被时代的车轮碾得粉碎，他们的后人又怎么能不倍感寂寞呢？

虽然不很清晰，但我们仍能感到，在故事相关者所说的话里，必然含有让人听了安心并愿意相信的因素。这个说话者即便已经亡故，但还会常常返回人世，通过活人之口传达欲说之言。因为有多年经验的验证，我们的祖先对其所言深信不疑。后来传话的方式烦琐起来，得通过"神灵"来传达，于是口耳相传的传统，渐渐让位于专职的传播家。尽管如此，正如"巫女"这个名称所显示的，原则上传达者还必须是个与最初的说话者有血缘关系的人。如果有血缘关系之人也没有了，这个任务就交给了一个被指定者——应该是早就决定好的某人。这里最重要的是，与其使用利害相反之人，还不如让本人现身说法、自我坦白，这样效果一定更好。虽然一开始本人并不打算坦白，但在神灵的引导下终于和盘托出。这当然更容易使人相信，直到今天，我们仍依稀能见到那个身影。

五

狐或者狸为何要附于某个人体呢？一般是因为对那个人怀有怨恨，或者说对其人蛮横无礼的行径已经忍无可忍，所以附体被认为是狐狸的一种报复方式。这种报复，甚至可能危及被附体者的生命。可如果附体只是为了报复，就不会出现把它们当作神灵来祭奠的信仰了吧。实际上它们附体后的所为，有许多与报复毫无关系，特别是那些形形色色的传承之语。前些年我所介绍的三州狐狸是一个例子，它常对人讲述长篠之战，为了让听众听上去不像说谎，就像人那样互相调侃、嘲讽等，从而有效地增加了故事的可信度。狐狸附体作祟扰人，有的地方出得很早；修验、法印为了制服它们，曾经全力以赴。如果狐狸们只是为了复仇，用附体的方法未免迂阔费事，因为另有许多简单易行的捷径；同时，即使不附体，也可以过上体面幸福的生活。这就是说，附体这个名词实在有点怪，因为它有完全相反的善、恶两个结果。

已经说了很多道理了，下面就举些实例来作结吧。德岛县过去犬神非常猖狂，现在则是狸在兴风作浪。为了平息狸患，狸祠数量很多，还出现了很多隐身于民间寻找狸并驱逐它们的专职人员。半数以上的场合，狸喜欢附体于什么都不懂的精神病患者，然后通过其口，讲述谁也不曾听说的过往旧事，而听众没有不相信的。讃州屋岛有个秃狸攻来，毫无理由地打了一战。此事与作祟、附体并无关系，却通过狸口流传开来。笠井新也①的《阿波狸的故事》②对此有详细记载，这里就不转述了。倒是我在别的书里读到一个故事，现在还记忆犹新，不妨说给大家听听。说某家差遣男佣去送礼，这个男佣带着装着饼的贵重礼盒走累了，在和田岛的二又松下休息时，嘴馋难熬，忍不住拿出饼来吃了。由于吃得太多，数量明显不足，就这样送去显然不能蒙混过关，就想了个坏主意。他返回主人家，报告说在松原受了狸的骗，饼被抢走了。主人信以为真，一怒之下，猎杀了很多狸。此事就被他蒙过去了。第二年，他送饼又路过那个地方，黑暗中只见狸的眼睛闪闪发亮，无数的石块向他扔过来。他受了惊吓，抱头鼠窜，飞也似地逃回了家。不仅当时就把饼的秘密全部坦白出来，而且以后不知因为什么，忽然就疯了，逢人

---

① 笠井新也(1884—1956)，考古学家、历史学家、乡土史家。
② 1911 年出版。

就喋喋不休地说这个饼的故事。这个故事表明了人对狸的信仰，认为狸具有教训、惩罚坏人坏事的能力。耍小聪明、偷吃了饼却嫁祸于狸的这个男佣，理所当然遭到了报复；对那些视狸为祸害的人，也是一个训诫。有些老妪自己身体不好，就说是被狸附体。在嫁祸于狸这点上，与偷饼人有共同之处。二者都将自己的不是，归罪于难以抗拒的神灵之力。饼与狸的故事，原来究竟如何并不重要，重要的是，只有这样讲来才有趣味，才能引人发笑。而且我敢肯定，讲故事追求趣味性的风气，并非始于狐与狸的故事。

六

最后再从与上述地区相距很远的地方引个实例。在宫古与八重山这两个群岛之间，有个名为多良间的孤岛。岛上住着一个可怜的美女，她的故事被写成了一首名为"ayago"的歌，在岛上久久流传。故事说，很久以前，宫古岛一个叫仲屋金盛的首领，因佞人的谗言被诛，全家沦为首里王廷的奴婢。仲屋金盛的妹妹 mabonari 容颜如花，受到君王恩宠，幸被赦免，坐上了返回故乡的船。可是途中遭遇风暴，漂流到多良间，触到名为高干濑的珊瑚礁上。船破了，一船人皆被冲散。mabonari 九死一生，被海潮冲上了岸。盐川村有个叫仲井的，恰巧路过此地，抱着她登上了高处。因为她太漂亮了，手忍不住到处瞎摸，结果 mabonari 当场断了气。同村的 yarabo 立世主找到了她的遗体，伤心地落了泪，当即脱下自己的衣服盖好遗体，喊来很多人，缝制了新衣给她换上，并为 mabonari 郑重地举行了葬礼，埋在了二濑。后来埋葬 mabonari 的地方长出了树林，到现在还作为御岳受到敬仰。一方面，也许是善有善报吧，yarabo 立世主的子孙一直享受着荣华富贵。另一方面，恶有恶报，离现在一百八十年前的《宫古岛由来记》记载说，仲井的后裔"衰微不振，狂乱不已，风雨中，暗夜里，在各条道路的十字路口唱着 ayago，并且延续了四五代"。这件事情离现在不算久远，可信度应该很高。

从常理上说，得到善报而繁荣昌盛的 yarabo 立世主的子孙，对保存这个歌最有积极性。但事实却正相反，在公众面前不顾羞耻反复传唱的，反而是悔恨不已的恶人的后代。由此我们不能不说，在这个故事的传承中发生作用的，除了个体的人以外，还有一种超越个人的神奇的力。我年轻时读过村田春海①的《竺志船物语》②，了解到自《太平记》以后，有很多与此情节大致相同的老故事在濑户内

---

① 村田春海（1746—1811），江户中后期的学者、和歌诗人。
② 雅文小说，出版于江户后期。

海的沿海一带流传，尽管其中有关清少纳言的传说相当粗陋拙劣。做了坏事，其家族后代当然不可能昌盛；但我觉得这个故事的长久流传，与恶人后裔的自我反省是分不开的。有为了抢夺财宝而杀害旅行中的巡礼者、部落人的故事，有与山伏争论后将其斩杀弃尸的故事；这类往事对当地以及世家来说，没有丝毫值得骄傲处，但它们却流传于很多山村。将此解释为反映了战国时代的世相，自然直截了当；但我想说的是，这与有无事实根据无关，当事人如果不讳言对自己不利的东西，他的话就更具真实性，给人的印象就更加深刻，因此也就更容易被记住。前人并不把疯话视作单纯的精神错乱，正好与我现在所说的互为表里，非常耐人寻味。

七

考察各国自古以来的文艺发展脉络，像日本这样建立了系统保存下来的国家不多。虽然舞文弄墨靠文艺吃饭的人们各取所需，在一定程度上造成了传承的混乱，但仍然可以发现，我国国民对文艺样式的丰富多样，并没有什么特别的期待。而研究文艺史的人，尽管多到几乎过剩的程度，却千篇一律地根据作者来划分年代，反反复复做着大同小异的解释，实在有缺乏主见之嫌。比如表现疯狂的男女私奔主题，在歌谣出现之前就有了，净琉璃①、舞台歌舞剧延续了这个主题。表现引起女人狂乱的原因，也有大致固定的模式。最初是见到了不允许凡眼偷窥的尊神，然后去寻找自己的孩儿，心慕离婚的丈夫，最后追述那些难以忘怀的喜悦时分。古曲《班女》《花筐》等概莫能外。不过，御夏的狂乱则与奥菲莉娅②完全不同。她想诉说的是她的秘密。如果她不说，我们就永远无法知道她与清十郎那火一般的热恋，无法知道她热烈燃烧的深闺情热了。即便会有人代言，但与她亲口说出的感染力是不能相比的，至少不能引起她的朋友们的共鸣。说文艺能培养人的想象力当然不错，但除了文艺，其他东西也有这个力量。御夏的自述秘密，与奥州、中国地区的狐狸们承认自己失败的性质比较接近。但有关狐狸的传说能够流传开来，是离不开许多坂川彦左卫门们做仲介的。因此，我们对坂川彦左卫门们的贡献，不应忽视。

（昭和十四年十月　改造）

---

① 日本一种传统的说唱曲艺。
② 莎士比亚《哈姆雷特》中的人物。

猎鹿图

一

我在《松岛的狐狸》里曾提到，松岛湾烧岛的三只养殖狐，都出人意料地逃走了。《朝日新闻》报道此事后，正在信州旅行的土井晚翠寄给我一张明信片，说自己身为仙台人竟不知道此事，并对松岛的狐狸会游泳之事表示了惊讶。

这里似乎有点误会，因为烧岛的狐狸逃走时并不需要游泳。在那些滩涂的沙地上啪嚓啪嚓地走着就可以通过了，连猪走过去也不成问题。不过我想借题发挥一下，就兽类能否游泳问题发表一点意见。人们常说狐狸不会游泳，现在看来这种看法未必正确。不能因为没见过就说没有，我们总共又见过几次狐狸呢？

虽然东京人知道不少狐狸的故事，但除了在图画上，许多人从未见过真狐狸。说起来我还是在农村长大的，但老实说也只看到过六只狐狸。其中四只是在动物园里，另外看到的两只正好待在一起。也就是说，野生的狐狸我仅仅看到过一次。只是因为不曾看到过狐狸游泳，就匆忙下判断，这显然是不可取的。许多所谓社会常识或者被称作共识的东西，都是这样来的。

但兽类是不会像年轻人那样喜欢海水浴的，它们都是在绝境中被迫下水游泳的，此点与人截然不同。由于它们陷入绝境的时候毕竟很少，所以它们的泳技很难被人知晓。只有把岛上的狐狸置于不得不游泳的绝境中，同时又有人在一旁注意观察，才有可能了解它们的游泳情况，并写出报告。可惜迄今为止，尚未听说有谁写出了有关狐狸游泳的观察记录。把兽类放置岛上，能够有效地进行管控，防止野兽跑出来伤人，还可以节省围栏、弓箭等费用，自然有人为之洋洋自得。同时对兽类来说，没有了人的骚扰，心情自然放松，应该在岛上也住得非常惬意。平静的日子日复一日，年复一年。这就是所谓"天下太平"吧。在我们的生活中，也不乏类似的景象。

有人说在阿伊奴语里，位于鹿儿岛县的屋久岛的意思是"鹿之岛"。而现在这个岛上确实生息着大量的鹿。阿伊奴语"鹿"的发音，近似"yuku"，也许他们认为"yaku"①也就是鹿吧。如果真是这样，过去奥州松岛的那个传为因焚烧经典而得名的烧②岛，说不定也是因过去曾住过鹿、山羊③等兽类而得名的吧。这个岛上有山谷、清水、青青的草地。这就是说，面对牡鹿半岛岬角的安艺宫岛的金华山的鹿固然有名，离我家乡很近的备前和气郡④的鹿久居岛也是鹿国，只是鲜为人知罢了。

以上有关鹿的话题已经扯得够多了，那么它和猎鹿图有何关系呢？下面我打算进入这个话题。当然在这之前，还得饶舌几句。

二

还是先继续鹿久居岛的话题。据说这个岛上的鹿对游泳已经习以为常。有人说鹿久居岛的周长只比安艺的宫岛小四五米，但实际上要小得多。备前的老爷曾带着随从来打鹿，鹿当然不会一动不动地俯首就擒，而是一起扑通扑通地跳海而逃。有人说鹿就像家鼠能

---

① 与屋久岛"屋久"的日语发音相同。
② 日语发音为"yaku"。
③ 日语发音为"yagi"。
④ 今冈山县和气郡。

预知火灾一样，能凭借特殊的嗅觉逃生。例如，近二十年前天皇御幸大演习①时，村公所经过商议，决定献给天皇一头活鹿。可这个岛上的鹿似乎早已察觉，一下子全跑得无影无踪。所有的鹿想必都逃到对岸的陆地上了。近几年鹿们开始稀稀拉拉地返回岛上，它们已经受到了重点保护。

保存天然纪念物当然是好事，但我们的推理也不能草率行事。日本有两个鹿岛郡，但地名的来历只有一个。常陆地区的鹿岛的"鹿"的意思很清楚，是神之眷属的意思，居民根据其举动，就可以察知神、鬼两军交战的战况。这个神迁往大河春日山时，坐骑就是鹿。正因如此，现在奈良的草地上，到处都是鹿。

不过以上并非问题的要点。还在人因岛上有鹿而为岛取名"鹿岛"之前，鹿就已经生息于岛上了。当然，鹿不可能是岛上原生的动物，最初应是从海上游过来的。所幸它们尚未被人杀绝吃光，现在仍活跃于岛上。看到它们美丽的身姿，那种久违的对它们的怜爱之情，又悄悄地回到我的心里。现在仍有鹿生存着的鹿岛，不止一个，阿波的胜浦郡有一个，伊予的北海岸也有一个。后者离岸很

---

① 此文写于1927年，"近二十年前天皇御幸大演习"，指的是明治四十三年（1910）明治天皇在冈山附近的大演习。

近，在铁道边就能看到，退潮时甚至能徒步走到岛上去观摩。土佐西南端的鹿岛，离岸二三里路，但现在还有没有鹿，我不敢肯定。我二十年前经过那附近时，有人告诉我，世上再没有比去鹿岛打鹿更有意思的了。人们乘坐小船登上小岛后，有意大声嚷嚷，受惊的鹿全跳进海里逃生；可由于附近并没有可供避难的陆地，鹿在海里折腾一通，筋疲力尽后，只能重返岛上，成为以逸待劳的猎人枪下的猎物。这种往事对鹿来说，真是太悲惨了。

三

乍看上去，下面说的似乎仍与猎鹿图没什么关系。很久以前，我曾听过被称作猎熊试验的故事。讲故事的是从勘察加回来的人，我还记得个大概。说是猎熊者先把海边的熊撵进海里，用枪一阵乱打，打中没打中并无所谓。等到惊恐万分的熊折腾得筋疲力尽时，捕捉就变得轻而易举。那些熊累得喘不上气，嘴里吐出些白色球状的东西；后来仔细一看，原来是野鸭毛的团块。

看动物游泳的样子，认为其泳技糟糕的人大概不是少数，其实它们的善游程度，超出人们的想象。我的根据来自札幌的八田教授。他说，天盐山有次发生火灾，火势蔓延达十几里。从火里逃生到海上的动物很多。正好有船经过天卖、烧尻两岛附近，船员发现了一家三口在海里游弋的熊。追踪良久，终于捉住了熊父，母与子则逃上了烧尻岛，将来烧尻岛上也许会有熊出没了。

青森湾东连接野边地和田名部的铁路线上，横滨站算是最寂寞的。离横滨站不远处的县道上有个茶屋，我在状似燕窝的茶屋前的棚子里，看见了一只黑乎乎的大熊掌。那附近没有高于三百尺的山岭，是个缺乏纵深的寂寞之地。可那只大熊掌却是只正宗的北海道黑掌。茶屋主人说，熊是在山里捉到的。但他又认为在春雪消融时节，水流很急，熊无法游过津轻海峡的激流。八田教授则认为肯定是北海道的黑。我想，熊不会有游往奥州南部去旅行的打算，应该是它在冰上专心觅食时，随着冰一同漂流，漂到日本内地后，游到了岸上。可见必要之时，熊也是位游泳健将。

野猪在必要时能否游泳？我对此点没有把握。但在日本南面的海岛上，野猪却渡过了宽阔的大海在岛上定居了。此点颇为出人意料。也许是古昔岛与陆地相连时，野猪来到岛上悄悄生息繁殖的吧？反正人为放养的可能性不大。而且它们在众多的孤岛上都有分布，似乎有什么比游泳更神秘的因素在起作用。日本人从前几乎不吃野猪肉，近代曾发生过因野猪灾害引起的骚动。日本充斥着岛国文化，发生这种事，意味着故步自封的守旧文化走到了尽头。阅读近代在对马消灭野猪的记事，深感如果野猪能像熊那样善游，说不定能为自己留一条活路。念及此，不由废书而叹，怅恨久之。

<h1 style="text-align:center">四</h1>

这类话题说起来会没完没了，而要说的主题却没什么进展。原本我想说的是我在慕尼黑绘画陈列馆观摩两幅古画之事。我在那两幅古画前伫立了一小时，久久不能离去。

这是两幅古拙而令人喜爱的猎鹿图。图上有一个圆圆的池塘，池中有个圆圆的岛，岛上林木茂密。一位诸侯带着很多臣仆，在池的四周与岛上张弓搭箭。鹿全都跳进了水里，有的还在游泳，有的已然中箭。两幅的内容大致相同，意味着所画内容并非空想偶得。

我们曾有过享受富裕生活、咀嚼人生美味的时代。虽说日本鼓吹尚古、提倡保守之人并不少，但因为已经从根本上忘掉了以前那些丰富多彩的生活，所以就认为画上所表现的内容没什么价值。如果把此图的照片带回来让人们欣赏，人们必然像看待遥远的异国风光那样，看待往昔那独特飘逸的生活。他们不相信我们日本人过去曾这样豪奢地游乐过。后鸟羽院上皇的遭遇令人扼腕，如果生活在比较自由的今天，他当是一位英武的君主。他那已经被我们忘却的豪壮快举，是以天皇的身份进行的。他的豁达勇武因《著闻集》①的记载而为人所知，而《明月记》②所描写的他在水无濑猎鹿的光景，今天仍像在我的眼前一样栩栩如生。

在京都开往大阪的列车上，我的脑海中多次浮现出那时的场景。我觉得地点就是现在的山崎停车场再往上一点。从天皇御所到河岸，设置着走廊，临水的大屋旁停泊着众多的船。几十个役夫进入后山，一齐惊动并驱赶鹿群。鹿群争先恐后全都跳进了淀川。这时四面八方的船一齐划来，万箭齐发射向鹿群。这威武雄壮的盛大场面，比起以前看到的在河里抓捕盗贼的光景，其激动人心的程度，要高出好多倍。三百年后，有个爱出风头的地方官，在宅地的一端挖了个大池，饲养了许多小鹿，然后召集许多人一起射鹿。这种场面自然也很好看，但与上面相比，简直就不值一提。

我不知道日本以前到底有多少鹿，反正京都附近的原野上随处可见，甚至时常闯入禁中。有机会真想对此事详细记述。水无濑的

---

① 又名《古今著闻集》，与《今昔物语集》《宇治拾遗物语》并称为日本三大故事集。橘成季（生卒年不详，13世纪人）编纂，20卷，1254年成书。
② 镰仓时代的诗人、书法家藤原定家1180年至1235年的日记。

行宫里曾有过白鹿出没，这是由往京城送鹿的神泉苑里放出来的，这在《明月记》里有明确记载。顺便提一下，外国的都府因远离山地，鹿很稀罕。天竺国王在庭园里观赏自己驯养的鹿，大概与在玻璃缸里欣赏金鱼差不多吧。当时正滞留欧洲的我，因为有了鹿事的比较，爱国心也曾得到了几许满足。

五

荷兰的海牙，在当地方言里是"鹿野苑"的意思，现在公园里仍有沟壑纵横，饲养着拴有标记的鹿群。在低地之国养鹿，当然只能是皇家的特权，普通的武士级别，对此是可望不可及的。他们如果看到慕尼黑的猎鹿图，一定会瞪圆了眼睛，因羡慕而叹息不止。他们不知道那时的日本，乡村里围猎鹿群之事属于家常便饭。可因为不了解外面的世界，荷兰的贵族们在请画家作画时，内容已事先定下：或者画一两只野猪，狗冲着野猪张着牙狂吠，这似乎能给他们带来快感；或者画一只被开膛破肚的鹿，倒悬在厨房的一角，与洋葱、土豆混杂一处，他们认为这也很有意思。为什么要画这种画呢？真是难以理解。可在我们这个缺乏绘画艺术、膜拜舶来品的国家，国人对此却见怪不怪，并没有反感。

且不管其艺术水平的高下优劣，世上为何会需要这样的画作？深入思考一下就会觉得这不太正常。信神之人拜神时心往神追，圣人的神姿往往会浮现于脑际，此时会追忆一生中最为难忘的事。对此，我们从早期的画题中不也能看出些端倪吗？无论日本，还是西洋，过去的画作一般都有固定的主题。各国都有自己的偏好与特长。我国中世描写狩猎的画很少，主要因为参与狩猎活动的人长期以来对这类绘画不感兴趣。日本那些画卷的早期主题，不外与神事有关的法会，与宗教有关的托梦、梦想，以及表现恋爱、战争、音乐等。而有关表现山野美景的风景画，也大多为社寺、宫殿周围之景，或者表现赏花、赏月等宁静、逍遥之象。如果试着探寻西洋风景画的渊源，那么早在约瑟夫一家尚未逃离埃及时，就已经有许多画作追怀狩猎往事，并渗透了粗犷的山林之趣。而在中国地区，则由耕织图引出了以田园为素材的画风。我觉得它们在此点上是比较接近的。

六

　　我的观点也许有些牵强，如果有人反对，我立即收回就是。我想说的是，我对猎鹿图所描绘的场景的真实性，坚信不疑。总是让去西洋参观的日本人惊诧不已的是：无论什么博物馆，必然陈列着全裸的年轻圣者的画像，而且是两幅以上。它们大多是胖胖的身体，白白的肤色，手被绑在树后，箭矢深深地插进了胳膊、胸、腹，伤口处还流着血。日本人对此默不作声不敢取笑，但疑惑却是明显写在脸上：为何在基督教国家，对残酷血腥的画作如此欣赏并赞美不已呢？

细想一下，绑在十字架上受刑的耶稣也是如此。对注重金、绿、青色彩的东洋人来说，绘画是庄严的，并应与日本音乐合拍。看到裸露的小腿、肋骨、额头上伤痕累累的画作，会觉得宗教之爱被打了怜悯的折扣，不过其中的特定含意还是不容忽视的。例如，栗子的带刺外壳、牡蛎的硬壳都不美，但它却有着表现眷恋爱慕之思的意义。至于猎鹿图，难道仅仅是个绘画故事吗？尤其是用那种画法画那个场面，并非使用了特殊的技巧，却能流行起来，不正是因为它切合了广泛的社会需求与审美趣味吗？中国、荷兰的宴饮图，群犬啮杀野猪图，与日本射杀那些被赶进水塘的小鹿一样，都是人处于单纯无邪状态时的生气勃勃的直接投影。这表明来自祖先的本性在艺术家身上已经复活并得到了继承。

在我们的艺术中，稍微寻找一下，就能发现很多例子。黑发上插满银质花簪的美姬头颅，被鸳冢金藤次的快刀一刀砍飞；天真烂漫、皮肤白皙、勇敢的小忠臣，被八汐的短剑一剑夺命；若叶的内侍与六代被倒绑双臂，赤裸双脚。这些骇人听闻的故事，当然并非一人所为，可却是那么吸引我们，让我们听得入迷，紧张得简直要喘不过气来。《聚乐物语》①是谁写的，已经搞不清了，其中的故事，除了欲夺人耳目之外，似乎并没有其他目的。丰臣秀次的三十三个老婆，一个一个全被拉到鸭之川原斩首。每个人都是二十来岁的如花似玉的美人，一下子全成了刀下之鬼。她们每个人的眼神里，都充溢着少女的天真烂漫，却像做梦一样失去了生命。故事一个一个地介绍她们，细致而详尽。《今昔物语》还写了几个由猎人口传的故事。主人公都是些非同寻常的忘我之人，常常遭遇激动人心的非常之事。当他们深夜穿越森林时，被怪物所唤。其时他们从树丛深处，看见了高僧那充满慈悲的怜悯眼神。举目眺望，又见如来佛、观音、势至菩萨，乘着紫云而至。有个男人拉满了弓，对其射出了箭。定睛看时，原来是狸所变。

日本的法师们总是称颂佛法、佛缘。以上的故事，内容杂乱，并且缺乏可信性。它的宗教意义又在哪里呢？听上去像是强辩，为了让人们具备浓厚的宗教信仰，这些故事就需要与现世拉开距

---

① 江户前期的小说集，宽永年间(1624—1644)刊行，作者不明。

离，统一情感并使其单纯化。这类故事对我们的解脱来说，是必要的准备。人喜欢自作聪明，受惑于琐碎之事而用心不专，这当然不是通向清高之路。于是前代之人不惜使用令我们颦眉难受的粗野手段，来促使我们集中心思去感受灵异的神力与作用。所谓淫祀邪教之所以被人追慕，其理由正在这里；我们宁愿告别宗教，安静地品味人生，其理由也在这里。这就是猎鹿图赐给我们的明确教示。

对仍持怀疑态度的人，我想再举一个例子。在希腊那个巨大的石棺雕刻上，刻画最多的是什么呢？首先是信众来奉献祭品，这想来是描写祭典的盛况。其次是战争场景，描写的当是与阿玛宗①的战争。一个美女长发凌乱，裸身骑马，挥剑冲锋；不幸中箭，受伤落马而被杀害。这个场景与神圣的转世观念究竟有何关系呢？这当然不会是一个简单的问题。对修行积德的近代人来说，这种带有原始意味的豪爽悲壮，终究还是难以接受的。因为它的感情强烈而纯粹，超出了我们的想象。宗教一开始就被盛在艺术的器皿里，二者和谐融洽，不是颇像西王母把仙桃盛在碧玉盘里吗？如果不是这样，优秀艺术最先的两片叶子，就像育在土壤里的芽，其根本的义

---

① 古希腊神话中一个全部由女性组成的部族。

理，人们是绝对认识不到的。

艺术与宗教已经有了数千年的历史。在我们仍然稚嫩的心里，现在仍能看到过去的痕迹。就如同人对蛇的极端憎恶，或者说是无意义的杀戮，如果不考虑背景，对那个疯狂的人蛇之争，就无法做出解释。用我们现在的标准，像蛇这样姿艳色美的漂亮动物并不多见。在深山里寻觅鸟巢、追逐野兽，以及采集各种植物时的快乐心境，只要是在乡下长大的人，到死也不会忘记的。仅仅用还像个孩子似的来解释这种心境，是不符合实际的。对熊、鹿等无辜受戮的悲惨故事，我一直都想说给大家听听，现在总算夙愿以偿了。我的心愿里，有对弥勒出世的朦胧憧憬，也有对不断发展的高雅艺术的期盼。在我的潜意识里，总晃动着它们的影子。总而言之，对那些无视人的感情、无视感情随着时代变迁而发生的变化、仅仅根据某一时代的横断面就夸夸其谈地论述美、解释宗教的人，我们必须敬而远之。这就是鲜活生动的猎鹿图给我们的启示。

（昭和二年二月　随笔）

对州的野猪

一

　　我以前读渡濑教授刊于《动物学杂志》的《对马歼野猪事迹》一文时，第一次感觉到记住陶山庄右卫门存这个伟人名字的人很多，自己不过是其中的一个而已。此后了解了许多对马历史，同时大致读完了《经济丛书》中陶山翁所著的一卷。尽管如此，当我听到陶山翁的名字时，首先联想到的仍是对马围歼野猪之事，甚至有时仅仅听到"对马"两个字，都会想起那里的野猪来。因为那件事太离奇、太令人吃惊了，而且对过去、对未来，都发生着巨大而深远的影响，所以听了一遍就再也难以忘却。在这个印象的断片里，包蕴的历史内容实在是太丰富了。

　　把岛上的野猪、鹿全赶进围栏里一举全歼的计划，若不是在对马这样的岛上，是难以想象的；而在岛上使用这个方法，谁都会觉得顺理成章。关于陶山翁的事迹，流传下来的材料很多，记录也很确切，这是后人的幸运。在有了重新检证陶山翁事迹的条件以后，人们对岛上的文物重新做了全面调查。有人说灭绝野猪的计划，是陶山翁十六岁时想出来的，灭绝野猪只是其一生业绩中的一个而已，而且未必能算成功，因为原定三年的计划却费时九年。而且，陶山翁先让野猪繁殖然后再将其一举全歼的方法，也颇令人费解。不过对马岛的情形稍有些特殊，因此我觉得有人将其当作先生的德泽加以赞美，也不是不可以理解的。现在我们回顾此事，也只是将其作为一件大事来郑重纪念罢了。这里涉及很多与野猪相关的话题。

二

此事的传播始于何时，现已不得而知。它载于二三篇旧记里，昭和二年①的颂德碑上也有记载。陶山先生下定了全歼野猪的决心之后，据说曾去争取前辈贺岛兵助的支持。贺岛兵助说："你的措

————————

① 1927 年。

施确实有效，但根绝物种违反天理，遭到老天报应就可能祸及子孙，还是不干为好。"陶山先生则认为，纵然违背天道自然，只要是为国除害，即为至当之事。故敛容正色道："丈夫为国除害，岂问子孙之事?"他认为历代学者对此事早就深思熟虑，今日不为，更待何时! 那个时代的忠诚之士，特别是像陶山先生这样的学问家，坦率地表明坚定的态度，其实一点也不奇怪。先生从灭绝野猪开始崭露头角，其后活跃于政治舞台二十年，其间向君主进谏的次数难以计数，旧功劳上加新功劳，卓尔不群。陶山翁被后人纪念缅怀，绝不仅仅是因为炒得沸沸扬扬的灭绝野猪之事。阅读先生的传记，常让读者感叹不已的，是先生有关岛民经济消费的主张。对马田地缺乏，岛民们以麦祭神，也一直只是种麦吃麦。先生当然也不能例外，一年到头以麦为食。这其实恰恰是人类必须遵从自然法则的一个好例子，与违背自然法则强行灭绝野猪运动的性质正好相反。然而藩政则依照全日本惯例，仍以仓米作为俸禄。仓米不足怎么办呢? 大部分得从朝鲜进口，这个惯例直到最后也没能废弃。岛上的供应得依靠岛外，又须根据其必要程度，制定出多个标准，烦琐至极。造成这种不便的原因，有因袭旧习的因素，也有时代潮流的影响，或者只是由于不作为。这种状况，先生力主变革，无奈积重难返，伟人亦甚感力不从心，奈何不得。这是历史留给对马岛民们的严重教训。尤让我痛心的是，明明看到了问题，并有着切肤之痛，可也就仅限于此，并不能有所改变，就这样白白虚掷光阴，在历史上留下空白。于是，有人把灭绝野猪这类事情，渲染得惊天动地，好像代表了时代潮流一样。此种现象古今常有，不足为奇，可我仍然不能不为之叹息。我本来要说的是野猪的话题，却由陶山氏扯出去太远，诚当引咎自省。

三

享保十七年①六月二十四日，陶山先生以七十六岁高龄辞世。其身后没有子嗣，虽有亲属作为后继者，但也早就无声无息了。曾有人感叹道：先生这样的伟人，已经后无来者。但我要说的是，先生的伟大，绝不在根绝物种这一点上。尽管先生在与贺岛氏的问答中，表明了把野猪斩尽杀绝的坚强决心，但后来还是顺应了普通人的心理，用船装载了雄雌五对野猪，放到了野猪已被灭绝的绝影岛上。这个绝影岛，与对马不同，并非远离陆地，因此后来这五对野

---

① 1732 年。

猪的后裔全都渡海登上了陆地。在他故乡对州岛①上，野猪也并未灭尽，稍稍留下了一些。数十年后出版的《津岛记事》，在该岛南端的"豆酘乡"条下，将野猪列入该岛物产，说虽然数量很少，但至今犹存。以浅藻有名的八丁角，以及西龙良的磐境为代表，岛上有大大小小众多寺院圣域。它们与冲绳诸岛的御岳一样，禁止凡俗入内。当年在捕捉野猪时，一方面人们恭恭敬敬，向诸神献上祭文；另一方面主事者又贴出告示，要求捕捉者履行职责，在寺院圣域，也要无所畏惧地大胆捕捉。但因为乡民们长期以来对寺院禁地有根深蒂固的敬畏之心，所以毕竟搜查不够彻底，难免有些野猪躲过一劫。也就是说，虽然大规模的捕猎让野猪减少了近三万头，但并没有使其绝种。实际上在对马群岛的许多岛上，在此后漫长的岁月里，都还有野猪出没。可见当时急匆匆地宣布全歼了野猪，与事实是不相符的。倒是首倡者受到了报应，我感觉到冥冥之中分明有鬼祟在起作用。

精灵会引来灾难的古老看法，其实一直潜藏在人心的某个角落。当短时间里发生的大规模杀戮出现在眼前时，眼前的惨景就把人的潜藏的意识激活了，其具体的表现就是人心浮动。对马的惨

---

① 对马岛的异称，即今长崎县对马市。

景，现在想来已经了无痕迹了吧。以前曾有人说，一到陶山的祭日，老天总是下雨。阳历六月下旬进入梅雨时节后，确实经常下雨，可为陶山做法会的纪念日是四月二十四日，此日总是下雨毕竟有点不同寻常。不会有谁去刨根问底地追问原因，但因为这一天总有雨，所以这个话题持续发酵。岛上本来雨水就多，此日下雨本不足为奇，但却总能引起人们特别的注意。这应该又可以视作历史对我们的启迪：历史总是对那些异常事件格外关注。

四

我登上严原的日子，碰巧是祭典的两天前。翌日早晨，湛蓝的天空下，路两侧樟树的嫩叶，在阳光下像花儿一样美丽。大路笔直地延伸着，前方的稍高处，石墙环绕的人家很多，与南岛旧都很有几分相似。八幡宫前，矗立着簇新的大型纪念碑。我拜读碑文后，不禁更加缅怀陶山氏其人。然后不由自主地一边走路，一边又想到了野猪。对马现在还有几种珍稀动物，有对马山猫，有被称作戴帽貂的对马貂等，但我连图像也没见过。我想，这儿应该有标本吧。于是就去了对马中学。虽然自己是个不速之客，但却受到了教师们的欢迎。因为岛上若不碰到旅人，就没有什么新鲜话题。我只不过是个少年，可他们却热情鼓励我讲些什么。可我除了讲讲老话题外，其他一无所知。于是就对他们说，如果你们没觉得不合适，我就讲讲野猪吧。就这样，我在毫无准备的情况下讲了一通。那天的听众都已是事业有成之人，说不定比我更能领会其中的意义。也不知他们当中，现在还有没有人能记得我的演讲了。

那天我讲的是野猪问题。我对他们说，被诸君所尊敬的对马圣人，二百多年前为这个岛做了很多贡献，比如在许多方面开创了好风气，制定了好规矩，培养了好习惯。但他也遗留下了宝贵的课题，大家熟知的野猪问题就是其中之一。诸君在知道了对州野猪绝迹原因的同时，也应该去深究一下：这个岛上为何会有那么多的野猪？野猪是否会游泳？如果会游，水平又是如何？遗憾的是，我们对这个问题，到现在也不能提交答案。本州、九州、四国都有野猪，可还没有人把野猪游泳当作个大问题来研究。如果野猪不是岛上土生土长的，那么它们是什么时候游来的？它们是否在陆桥尚存的古昔，经由陆桥来到了岛上？倘若如此，这个陆桥又是怎样的形态呢？现在做这个猜想，当然还只是个空话，等到将来调查清楚海的深度时，也许就可以解开谜团，从而搞清楚陆桥是否对野猪的迁徙上岛提供过帮助的问题。如果人们不在岛上居住，也许不会对此事感兴趣并去深入思考，而生活在这里的诸位，却正好与之有缘。

当年为消灭这个岛上的猪，耗费了十年的岁月，动员了三十万人。可是，如果野猪只要想游就能够畅游不倦的话，在岛上全歼野猪的计划就必然落空。当然岛上的野猪没有出路，无处可逃，所以绝无可能有计划地移居别处，移居之举原本只是人的行为。那么，野猪凭借游泳渡海逃生，应该是最好的出路，尽管现在野猪不具备这种能力，海上也没有这条通路，但那时有没有呢？这是我们必须深究的问题。探讨这个问题，算作积累知识，还是算作研究历史？对此我并不清楚，但我想明确告诉诸君，它也是一门学问，值得各位去悉心钻研。令我欣慰的是，那天我所讲的，虽然只是浅陋的泛泛之论，可各位听众都听得聚精会神。

五

打那以后，我就岛上野猪的问题，又讲过多次，其中有几次讲的内容，我自己现在也已经忘了。对州附近的肥前有五个岛，那些岛上现在还有猎人靠打野猪维持生计。这些岛的形状细长类似桥形，分断处从水上就可以走过。有人称屋久岛是"鹿之岛"，据说岛上鹿、野猪都非常多，它们能一直存活下来，想必是岛上山深林密的缘故吧。冲绳的猴子早已没有了踪影，鹿也仅存于庆良间的小离岛上，唯有野猪还活跃在国头山里。防范野猪的篱笆墙尚存，直到最近还有人牵狗狩猎。还听说有人在八重山群岛的西表岛猎到了野猪。在石垣岛万年青岳的神话里，又有山神化身为野猪惩罚不信神之人的故事，可见野猪曾是常见之物。只要稍稍留意文字记录，就不难发现，野猪在很多岛屿都留下了足迹。只是不知道被祖先皆归为一类的，是否完全是同一品种？是否像人类这样，根据地域也会有黑与白之类的差异？遗憾的是，由于目前野猪的数量已经很少，区别它们已变得更加不易。过去我国曾有过饲养野猪业，不过只是从野山捉回野猪后，拴起来圈养而已，是否有过人工繁殖，还没有明证。近代借助外来品种而经过若干改良的冲绳原生土猪，是野猪的后代。那儿在举行式典时将野猪摆上供桌的风俗，与南九州狩猎仪式的做法颇为相近。差异仅在于南九州是需要时才去捕捉，而冲绳则是预先饲养在家备用。至于饲养野猪，则很早就有了。比如住在新西兰密林中的土著，一直在饲养小野猪。冲绳东部的大大小小的岛上遍布野猪，没有野猪反而成为稀罕之事。对椰子栽培业来说，最初的害兽就是野猪。它们成群结队袭击苗圃，啃食、糟蹋刚刚萌生的椰果。对此我在很多纪行类读物上读过，并还记得。树果以及其他山中食物，年成好坏的差别比农作物更为明显，比如竹子六十年结一次果。当年食物的丰富，造成了老鼠的大量繁殖，可翌年食物缺乏，饥饿的老鼠就把所有的青色植物全部吃光，从而在岛上引发大饥荒。为害甚烈、让人们忍无可忍的对马野猪，之所以泛滥成灾，其深层原因，应该也在这里。而冲绳却在不经意中，用了其他办法处理野猪之害，使野猪幸免于绝种之灾。日本人一般不习惯猎食野猪，饲养野猪的技术也比较落后，因而不得不大规模扑杀野猪，这实属不幸。我们现在对治理鼠害，似乎还没有什么有效的方法，但野猪却成了重要的农产品。而在那个时代，既没能用野猪来改善岛民的营养，又没能建立起利用野猪的有效机制，仅仅为了根除野猪之害，就耗费了近十年时间，经受了种种苦难，现在回想起来，只能是一段心酸的历史。对古人的济世之志，后人自然理当致谢，但这个灭绝野猪计划，却反映了时代的局限。我始终觉得这件事并不完全正确，所以才就对州野猪问题，表明了上述看法。

六

我为何不厌其烦，又提起这个野猪问题呢？自然有些缘由。我之前刊于报纸上的《松岛的狐狸》一文，因为说了句"除了鹿稍能游水以外，其他的动物先生，毕竟都是不会水的"，受到了很多人的责难。我在没有确凿根据的情况下信笔写来，确实很不应该。后来我忆起小时候常看的《北斋漫画》里，有只野猪在看上去像是大海的深水里破浪而游的画面，那应该不会是向壁虚构。其实只要找到一个实例，就足以推翻我的假设。为落实此事，后来我又请教了许多人。川口孙治郎不假思索地反问说：有不会游泳的野兽吗？他还对我讲了个故事，说兰领东印度塞莱拜思岛上的野猪，曾出海与鳄鱼进行过搏斗。接着我去了日向的都井岬，川口孙治郎又专门赶来，告诉我正月初二渔民在海上捕到三头野猪的奇事。奇事发生在对岸大隅的内之浦，众人都说由于大规模的伐木，迫使野猪逃到了海上。我再进一步打听，他们说几年前也看到过野猪游来，并成功登岸。这些事实对证明野猪会游泳来说，已绰绰有余。此后还听说了土佐西海冲之岛之事：大正九年①发洪水时，有只野猪从四国渡海而来，发现者先以为是猪，结果却是野猪。是这只野猪上岛时已经怀了崽呢，还是又有其他野猪上岛了呢？反正岛上野猪繁殖很快，现在俨然成了野猪世界。野猪在岛上为害甚重，所以捕获者有奖。捕获一只野猪可获奖金五元，有的年份可获十元。每年被捕获的野猪，少说也有八九只。若谁能根绝野猪，则能获得高达七百五十元的重奖。由于岛上供作烧木炭之用的乌冈栎长得十分茂密，所以野

---

① 1920 年。

猪钻进密林后很难捕捉。它们大肆糟蹋番薯地，十分令人头疼。据说这种野猪类似朝鲜野猪，肉味不怎么样。众所周知，无论九州，还是四国，野猪分两类，一类是上述那种野猪，另一类则身有臭味，肉味更差。该岛的野猪似有结队向远处迁徙的习性，不过对此我不敢断言，说不定又是我的误判。

冲之岛的尖角，距离最近的柏岛仍有二里①，从大隅内之浦的林地游到日向都的都井岬，即使游直线，也足有五里之遥。这么宽阔的海域，野猪们在需要时，竟也能破浪横渡。这样看来，当年在岛上围起多排木栅，从岛的一端把野猪撵进栅栏聚歼的计划，就不能说没有漏洞。因为野猪被从山中撵出来后，可以下海游泳，然后悄悄地绕到已经被清除过的地域重新上岸。曾听说过有不少诸侯在岛上牧马，表面上看是为了节约围墙、箭矢之费，但我想很可能只是因为岛上适宜放牧罢了。话说回来，认为野猪不会游泳的人，想来绝不会仅我一个。野猪们泳技如何，能游多远，在什么情况下才会下水游泳？这些问题并非微不足道，却还无人能够回答。我们需要学习的东西很多，只有不断进取，才能不断获得新知识。对年轻人来说，尤其如此。上面这些例子都有利于刺激他们的好奇心，

---

① 日本的一里等于 3 927 米。

而这样的刺激，实在是他们所需要的。

七

　　我的开场白实在太冗长啰唆了，实际上下面才是我最希望记录下来的内容。昭和六年①四月二十四日是陶山先生的祭日，虽然月份变了，却正是先生逝去二百周年忌日。此日与以前祭日一样，下着大雨，沟渠、小河、瀑布的水哗哗流着。我穿着和服裤裙，借了伞和高齿木屐，去参诣修善庵。我先拜谒了先生之墓，其时本堂已开始诵经。追念往昔的严原学者们，郑重地聚在一起，出席盛典。其中一位名为川本达的老人，是岛上的宿儒，强记善辩，有凌越壮者的气概。仪式完毕后，众人移师茶桌。他忽然对我说："柳田君，野猪漂到小茂田海滨的事听说了没有？"我吃了一惊，心想，"这位老人莫非是我昨天讲演时向我提问的那位？"头脑一走神，回答也就慢了半拍。但我很快就搞明白这位老人与昨天提问的不是一人。我赶忙接话说："这可是一件稀罕事。"野猪登上西海岸，实在是很难得的。于是连连发问道："这儿是不是常见啊？看到野猪时它还活

---

　　① 1931 年。

着，还是已成了腐臭的尸体？是来自朝鲜，还是国产？是从岛内的山上跳进海里的吗？有没有谁知道？"众人的回答五花八门，但所有回答均让我不得要领。实际上此事至少已过去了半个月，大家都只是略有耳闻，并不了解详情。我又特意赶去了现场，可野猪早被处理掉了。关于这个插曲，暂且说到这儿。

　　岛上人情淳厚，待人恳切，对我近乎强求的请求，他们始终放在心上。川本及很多人都有信来，有时寄到我在壹岐的住处，有时寄到我东京的家里。其中以《对马日志》的作者日野清三郎翁[①]的报告最为详细，而且与其他几封信里说的情况完全一致，所以可以确定其所言皆实。现在将其要点分条排列如下：（一）地点在下县郡佐须村大字小茂田海岸。（二）发现时间是昭和六年四月六日午后三点左右。（三）野猪裹在被海浪冲上岸的海藻里，被采收海藻者发现。（四）已死去了八九小时，据解剖尸体的村民说，血液黏稠，似乎还没有完全冷却。（五）根据气象观测所的记录，此日至下午三点为止，西北风，下雨。（六）从小茂田至朝鲜的山地之间，最近距离约有二十四五里。（七）该野猪应该游了很长距离方才溺毙，肚子里没怎么进水。（八）去年也有野猪漂至同一海滨。有老人说也有漂至久

---

　　① 日野清三郎(1868—1942)，大正时期对马地方史研究学者。

根村的，但未能予以确认。(九)当地人说这只野猪是从朝鲜渡海而来。据来岛的朝鲜人说，野猪游泳虽然不及老虎，但也相当善游，远非牛、马所能比。日野翁又加注说：陶山氏当年设置的隔墙，明明沿着海滨围起来距离最短，却舍近求远，从岛上伸出的尖端围至另一个尖端，这是陶山知道野猪会游泳的证据。既然如此，这个野猪是外来品种也就完全解释得通了。不管怎样，以上事实已足可保证我以下的结论不会有误：对马附近的野猪是会游泳的。

（昭和十四年十月 《文艺春秋》）

猫　岛

一

　　有关陆前田代岛的猫，以前曾听过有只猫"脸有窗户那么大"之事，离奇古怪，引人遐想。可自那以后，类似的精彩花絮就再没听说了。猫故事还是有的，但都是些大路货。诸如，村长参加祝宴回来，在岛上走夜路时，装在盒子里的点心被吃得精光；相貌堂堂的旅人乘渡船而来，下船后，船工却发现收到的船票是一片树叶。这类故事，一点也不新鲜，似乎是从别的故事里照搬来的。而现在直接能在猫岛与猫打交道的岛民，也几乎没有了。

　　好像曾有个古训说，田代是猫岛，所以狗不能上岛。倘若带狗上岛，鬼祟将会作怪，招致灾难。对这个古训，我们不可轻轻放过。最近岛上的猫害，已引起了岛民的不安，虽然只是偶有发生，但见到的人都是一脸惊恐，谈猫色变。很多人觉得应该大量配置猛犬，让它们担负起巡逻保安的职责。当然这只是一种推测：如果古训真有其事，那么不难看出以前对猫的看法与现在不同；如果没有那个古训，那么为什么单单在这个岛上，会流传着各种各样的怪谈？这样反过来探究，也许反而是切入问题的捷径。

无独有偶，禁止狗上岛的戒律，听说伊豆的式根岛也有。那个岛在四五十年前，还只是个无人岛，只是因为有一些田地，所以邻岛的岛民时常上岛来耕种、割草而已。该岛禁狗，据说是为了保护岛上的猫族。没有人住只有猫住，本身已有些奇怪，竟然又为了猫禁狗，这不是更离奇吗？我估计这个决定很可能最初是由讨厌狗的人提出的，而知道这个底细的人越来越少，后来就成为戒律了。

细查一下，禁止带狗进入的岛，另外还有一些。据《谭海》卷六所载，在安艺严岛的别岛，有个黑发神社，是黑发明神的所在地，现在那个神社前的鸟居还残存着。这个岛上也没有狗，据说因为讨厌犬吠所致。但这只不过是传闻，估计谁也没有去求证过。《艺藩通志》虽然未记述具体内容，但提到大小两个黑神岛的名称。大黑神岛附近有二里十六町，靠近能美岛的西岸，那时已有两户人家。位于大海之中的小黑神岛一直都很小，附近有二十八町，岛上没有居民，出现禁狗令的，应该是这个岛。现在是否还有禁狗之说呢？不管怎么样，我都想去实地调查一下。

　　虽然尚没有确凿的证据，但我推测人们把此岛作为坟场墓地，是禁止狗上岛的原始原因。以前的葬式是把棺材放在地上，让尸骸风化后自然消失，当然要禁止野兽接近它们。当年禁兽的痕迹，现在仍斑斑在目。即使斋戒不像宫岛那样严格，小海岛被作为坟场墓地，还是很自然的选择，我手头就有几个现成的实例。不过在很多城镇里，因为不可能让尸骸在街头风化，同时人们对守丧的重负也不堪忍受，而土葬、火葬的新葬法又简便易行，所以旧葬法渐渐就被新葬法取代了。憎狗忌狗的理由，未必是因为狗害甚于狼、狐，而是由于狗可以随意出入于街巷人群中，带来五体不全的尸骸晦气。在中世的记录里，有不少这类记事。这种内容说起来阴森恐怖，还是忘掉为好，所以不再细说，就此打住。

二

　　前面提到，禁止带狗上岛的戒规出现得很早，其禁止的理由渐渐已不为人知。后来岛上又出现了以狗为敌的动物，有人说这种动物就是猫，并且认为猫具有惩罚犯忌违禁者的令人生畏的能力。不过我觉得这并非什么新观念，田代岛的前史里就存在过。开岛后上岛的人们，很多人并不知道岛上以前曾有过安置尸骨骸髅的习俗。在奄美群岛的一些小岛屿上，可以看见这样的景象：岛的一侧建起了平和安宁的村庄，另一侧的断崖之下，互不相识的人都悄悄地把那儿当作坟场墓地。至于那个禁狗上岛的习俗，很可能是在其来历模糊以后，反被蒙上了一层神秘性而笼罩了全岛。

猫狗交恶之说，在日本影响很大，《枕草子》①已有记载，但仅凭此点，憎狗之岛立刻就变身为猫岛，却显然理由不足，因而存疑者大有其人。但也要看到，人的心理在许多情形下会被虚幻的想象所诱导。很久以前就有故事说：众多的家畜中，只有猫每每背着主人，去创造属于自己的社会。从九州阿苏郡的猫岳开始，直到东北南部鹿角郡猫山，广泛流传着这样的故事：说旅人迷路后误入猫国，遭受了种种折磨，历经千辛万苦才得以归来。猫岳的故事更为奇特，说猫化身为女人，集体居住在一所大院里，看到人了，就把人捉来放在浴缸里，让人变成猫。人警觉后拔脚逃跑，猫在后面拎着桶水紧追不舍。追上了，就用水浇人。水浇到哪儿，哪儿就会长出猫毛。中国有著名的《板桥三娘子》②的故事，《今昔物语》有个故

---

① 日本平安文学的代表作之一，女作家、和歌诗人清少纳言（约966—约1025）的随笔集，996年左右传播于世。

② 唐人薛渔思（生卒年不详）的传奇小说，收于《河东记》中。

事说，一个僧人路过四国边界，迷了路，结果变成了马。就像泉镜花①的《高野圣》②一样，让人感到有些猫故事是将流行的旅人马的故事移花接木后改造而来的。当然也有的故事较有独创性，具有不同的特征。

中国地区有个猫故事说，猫国的一所大宅里住着很多女人。有个独眼女夜里悄悄进到屋里，警告说："我是以前住在此处的名为老虎的猫。你们呆在这儿将有生命危险，快逃跑吧。"独眼女说完就遁去了。而猫女们一下子想起来了，这个独眼猫女的一只眼就是被打瞎的。此外还有报答养育之恩的善有善报的故事，以及恶有恶报的故事，比如说有个狠心的老婆婆，嫉妒受到款待的老爷爷，恬不知耻地惹事生非，结果被吃掉了。这类故事并非专属猫类，它们的起源往往是一些零碎的片段，强行给它们穿上了老故事的衣裳。它们的内容常常十分怪异，但其怪异并不令人生厌，反而让我们更加珍惜。猫有自己的社会，未必服从人类社会的规范。人类认可它们，或可解释为灵异崇拜。

猫的尾巴也是我感兴趣的一个题目，可我尚未整理好论述它的

---

① 泉镜花（1873—1939），日本小说家。
② 志异小说，泉镜花的代表作。

相关资料。据说唯有在日本，尾巴完整的猫能够变人。有奇谈说猫的身体一旦大得出乎寻常，就不可掉以轻心，因为它有可能变身为会跳舞会说话的人。反正这类怪谈日本到处都有，不胜枚举。流行于东京等地的传闻是，打从开始养猫起，饲主就必须告诉猫打算养它几年。这只猫到了那个期限，就会自行消失。伊豆北部某村庄有个故事说，某家约定养三年的猫，期满时走了。主人想，它会去哪里呢？就一路跟踪，发现猫进了山谷，又走了很远很远，钻进一个山洞，与狐狸一起跳起舞来。并非我的结论下得匆忙，至少猫到了约定期限就离开主人家这一条，是当地的常识。狐狸与猫的奇妙交往，也并不限于上例，东部西部的许多府县都有相关的传闻。常能听到的故事是，狐狸为了骗人耳目，会化身为可爱的小猫来到人的身边。还有人在月夜往墙外一看，发现猫在看着狐狸跳舞时，自己也用后脚站立，模仿狐狸的动作。据说伊豆能看到猫与狐狸互相配对兴高采烈跳舞的景象；而且这些记载并非仅见于二三种书籍。猫为何与狐狸有特殊关系呢？这个问题我当然回答不上来。但是我想，可能有个同病相怜的因素——猫不像狗那样受到信任，它有机会就想独立；像狐狸一样，曾是被人高度提防的对象。

三

　　《今昔物语》两次言及能登半岛广阔海面上的猫岛，不过只说那是个盛产鲍鱼的地方，对岛名的起因只字未提。是已经无从得知呢，还是以前这里是个猫的王国，因猫多而得名的呢？常陆的猫岛位于筑波山西麓，但它并不是一个岛，而只是一个村庄。由于它神秘地出现在安倍晴明①的故事中，所以出名很早。村里还留有不少安倍晴明的遗迹，令人意识到这里曾是阴阳师居住过的地方。不过即便如此，也无从得知猫岛之名的由来。这里也曾附会出狐狸夫人的故事，由此观之，大约这里也曾出现过鼓吹猫怪之人吧。

　　猫离开人而独自盘踞一岛，这在现实中是不可能的。因为它们没有舟楫，不会做此打算，更不会有什么计划。岛民们无论是土著，还是现代移居者，都有过老鼠猖獗为害、将食物啮食殆尽的教训。而猫若在某个时期出现类似情况，也并非不可想象。《八犬传》②里

---

　　①　10 世纪时日本著名的阴阳师。
　　② 　全名为《南总里见八犬传》，泷泽马琴所著长篇传奇章回小说，98 卷，刊行于 1814—1842 年。

的八岩一角、上州庚申山的猫怪之类的奇谈，虽然数量不少，但都是无根之谈，拾人牙慧而已。有人认可猫岳、猫山的存在，并非有什么证据，只因为那是十分古老的往事，所以抱一种凡事皆有可能的态度罢了。至于猫岛，情况却有所不同，还留有若干痕迹，现实中居民也曾亲见，应该确有其事。能登半岛面临的洋面浩瀚无垠，这个理应存在的猫岛究竟在哪儿呢？《南岛杂话》①有一篇写于一百余年前的奄美大岛滞在者的记录，其中一条这样写道：此间有一奇事，雄猫长大后皆入山，山中猫甚多。雄猫恋雌猫时则前往村镇，徘徊不去。又云：入山之雄猫不复出者颇多，故雌猫不产仔者往往有之。文中说入山者皆为雄猫，恐不可信，因为观察不可能如此精细。所谓皆为雄性之断语，或依人类社会类推而来。我以为山中亦当常有雌猫出入，繁殖的速度应当很快。

在隐岐的岛后以及岛前的许多小岛上，有人说养猫人也随猫进了山，还说进山之猫没有雄雌之别。猫在室外以动物为食，远比在家里的伙食营养丰富；所以那些猫很快变得肥胖，而且与人也日益疏远。耐人寻味的是，大约是岛上没有狐狸的缘故，所以把别处有关狐狸的传闻，全算在猫身上。寂寞的山路上，僻静的森林里，总

---

① 奄美大岛地方志的总称，名越左源太（1820—1881）编著于江户末年。

有一只老谋深算的猫，设置了关卡。卖鱼的受到威胁，被迫把鱼篓里的鱼全都交出来；参加祝宴后夜归的醉酒客，被骗着绕了远路，携带的土产与蜡烛被洗劫一空。更有甚者，猫有时化身为相扑的挑战者，或化作河童、天狗，大搞恶作剧祸害人们。当地人把这些坏事都当作猫之所为，把所有脏水都泼在猫身上，实际上是抬举了猫，因为猫根本没有进化到这个程度。总而言之，在陆前田代岛的怪谈里，猫只不过单纯地不服从人类的法规；而猫岛上的猫则更进一步，被演绎为拥有可与狐狸一比高下的本领了。

四

狗与猫的不同特性在于：狗往往依赖主人，摇尾乞食而生；猫则独立性强，非美食不吃，并会不辞而别，一去不返。在东京的市中心，猫在空地上捉蚂蚱，吃蜥蜴，令人生厌。主人饲养它们，本来只是为了让它们捕食老鼠；他们觉得，如果让猫吃饱吃好了，猫就不会去捕食老鼠了。而实际上，那些吃不饱的猫，很可能肚里有气，并不好好干活，其饲主家的老鼠照样很多。

猫有两类，一类非常喜欢傍着火盆，翘着尾巴，小声叫，献媚卖乖。另一类胆子很小，哪怕看到孩子也退避三舍，在外一转就是半日一夜，也不知它们去了哪儿，吃了什么。这两种类型自然是取决于猫的体力、依赖性以及经验的差异，乡村的猫要比市中心的猫体验的机会多一些。在关东农村，村民们把那些在生人面前胆小怕事的小姑娘、小男孩，称作天花板猫，也有称作屋角猫的。其实这个譬喻是不准确的。发明这个譬喻的人，根本不了解猫藏在天花板里在干什么。对人来说，屋角猫意味着缺乏独立自主意识；而猫的独立意识是与日俱增的。人们讨厌猫，主要是因为它们东家窜到西家，爬上爬下，无法无天，甚至乘人不注意时，溜进橱柜中偷食。这样做的结果，是很快招致贼猫的骂名。而被称作屋角猫的小姑娘、小男孩，是绝对不会做这种事的。

和歌里已有了无主猫这个词语，所以至少在中世它就被注意到了。和歌里描写的无主猫兴冲冲去求婚的样子，是贵族式的。人们所不知道的是，那时无主猫们在野原里谋生的生活资料，要远远多于现在。在完全没有野原的都市地区，无主猫被称作野猫，这表明人们对它的憎恶感又加了一层。其实野猫与无主猫，在言语系统里至少是连绵毗邻的①。下面再回头来说岛上的猫。在肥前五岛的那些岛上，有把猫称为"無駄猫"的，指的是兴冲冲离家出走的流浪

---

① 日语称野猫为"dora 猫"，称无主猫为"nora 猫"。

猫。"無駄"的本义是比野原更加原始的沼泽地,也只有这个岛上的居民,给那些离家三天仍不回家的猫,起了"無駄猫"这个名字。与家猫相比,它们一般长得又肥又壮,我行我素,听见人唤连眼珠也不转过去,此点与野猫、山猫相同。但与寻常的野猫、山猫辈不同的是,它从不在暗处大睁着阴险的眼睛,而是喜欢在白日下昂首阔步,丝毫不在乎在众人面前曝光,颇为大气。为何只有这个岛存在这类猫呢?我想还是因为岛上很少有狗的缘故吧。

五

上面这个無駄猫,勾起了我叙述发生于不久前的一件事的欲望。在萨摩西北角的阿久根附近的海岸,有一大片因辟作仙鹤的栖息地而突然成名的水田地带。仙鹤被作为天然纪念物而受到保护后,给当地带来了两个变化:一是各村被禁止养狗;又因为被划为禁猎区,外面的狗当然也不准入内。于是,利益均沾,人人有份,不限于仙鹤,野鸭、鹬等各种大小水禽,全都飞来此处享受恩惠,而农民却受到了一些惊扰。二是附近的猫们因利趁便,离家出走,与五岛的無駄猫类似,身体长得肥胖,性格更加活泼,并且变得喜欢远征了。但猫斗不过仙鹤,并不能破坏仙鹤制定的规矩。过了春天，野鸭们返回故乡后，急剧消瘦的猫们也灰溜溜地返回了原来的主人家。上面说的都是实事，听起来却像是书里的故事。

四国原本没有狐，只有狸结成团伙与人打打交道，或自己搞搞内斗。佐渡也不见狐的影子，掌门人是双山的一只名为团三郎的狸。最近有流言说人狐到了隐岐，但实际上化身为人的不是狐狸，而是猫。看来这误传是由狐狸的缺席所造成的。这些传言的可信度很难保证，但说狗的数量很少，却完全靠谱。狗不是完全没有，但特意带狗渡海而来的人实在很少，所以狗就成了稀缺资源，比别处要少很多。要想在岛上根除猫怪，以奖金鼓励带狗上岛，不失为一可用之策。如果诱致狐狸上岛，猫也许就不会化身为人作怪了。当然此为下策，比征收养狗税的方法还要愚笨。

据《八丈岛年代记》记载，宽永十九年①才开始有狗自国地进驻伊豆八丈。此事能载入年代记，当然就不是一件蝇头小事，可惜我们现在并未能统计狗的数量。山猫一直是该岛唯一的山中怪物，如果做个统计，这些家伙干的那些匪夷所思的勾当，当比陆前田代岛的猫干得还要多。我们的英雄近藤富藏，被贬谪岛上近六十年。虽然直到他寂寞死去，都没有一次显示忠勇的机会，但他闯入山谷魔

---

① 1642 年。

穴矿杀山猫的事迹，却被岛民传颂开来。猫在该岛耀武扬威、飞扬跋扈，自然还有物稀为贵的特殊原因。小川白山的《蕉宅笔记》转载了古川古松轩的备忘录。备忘录写道：此岛鼠众，岛人难制，自国地携猫而归者，虽往往有之，然不过区区五六十只，杯水车薪，无济于事。故三河口君曾提出引入黄鼠狼数百之高见。三河口太忠是在近藤富藏流放之前，于八丈岛施行善政的伊豆长官。这就是说，猫岛的猫，曾成为政治家关心的一个问题。竹子每六十年结一次果。竹子结果之年，老鼠就会大量繁殖，造成极大危害。这个问题，现在仍让岛民大伤脑筋。这也应该是猫受到重视的一个潜在原因。

（昭和十四年十月）

野猫观察记

一

在市里宣布养狗税提高三成后的某日，瑞士的一位友人家里，来了位教日语的老妇人，脸上似乎还挂着泪水。她向友人诉苦说，我们再也交不起养狗税了。实在没法子，今晨只好把好不容易养大的狗送到政府机关去了。说着，大滴的泪珠似乎又要溢出眼眶。

她所说的政府机关指的是杀犬局。与东京等地不同，此间如果不交税，连一只狗也甭想存活。如果不杀，那么饿死的狗尸将遍布街头。瑞士的养狗文明比较发达，并在不断进步，日内瓦的街上可看到很多狗在遛达，但要想把"野狗"这个词解释清楚，却有些难度。

在这个社会里，单身者养狗的较多，常能见到和狗说话的老人，常能见到从三楼、五楼的窗户里探出头来一声不吭地眺望着过路人的狗，常能见到在雨后天刚放晴人们就迫不及待地牵狗散步的风景。偶尔能看到因主人外出而心神不定地等在入口处的狗，这样的狗会被当作无能之辈。主人旅行或者生病时，虽有可以寄放代养狗的专门旅馆，但主人总是生怕其住得不好，很难放心。生病是没办法的，旅行呢，则尽量不去。

狗受到如此厚遇，猫的处境又如何呢？仔细观察一下就不难发现，这儿虽然没有养猫税，可人们饲养的猫，数量却明显要少于狗。在日本，狗被当作家臣；猫不过是家畜，不过是住宅的附属物，这是社会公认的看法。锁上门外出，只把猫留在无人的家里是不行的；而且现在又有了防治鼠害的新方法，所以一般说来，人开始疏远猫了。

"第三皇女""狐狸的坐前"等著名故事，也许不久将变成不知头绪、难以索解的无头案了。我国有很多养猫人都认为如果溺爱猫，猫就不会捕捉老鼠。其实这根本没有依据，只是人一厢情愿的猜想。我在那个市里看不到老鹰和乌鸦，偶尔能看到被咬碎的老鼠横尸街头，像是猫在炫耀吃的自由与食的丰富。可见即便没有我们的保护，猫的生存也毫无问题。这不也就昭示我们，人与猫的渐行渐远是自然而然的吗？

二

我很久以前住在"水都"威尼斯的达尼埃里旅馆时，曾无意间听到领班对一个老妇人说："旅馆的地下室以猫多而享有盛名。"在旅馆配发的宣传小册子里，竟然把猫多作为卖点将其炒作一番，煞有介事地记录在册，并表示愿为欲观者做向导。威尼斯的地下仓室极其阴暗潮湿，一代又一代的猫栖息其中，其数量之多难以估量。听勤杂工说，每天他们都会发放一定数量的食物给它们，所以，说它们是地道的无主猫，显然不够准确，但也绝不能将它们算作家猫。

我听着此事时，不由联想起日本商家将猫偶称作招福猫置于坐垫上的风俗，觉得有点好笑。煞有介事的达尼埃里旅馆的宣传广告始于何时不得而知，其实那些老态龙钟的旅馆，能有几家地下仓室里没有猫呢？这些猫不受待见、无人怜爱，最多也只是被施舍一些食物。所以它们除了躲进地下室谋生、繁殖以外，并没有别的出路。祇王、祇女因厌世怨人而逃遁于山林，而猫是绝不会那样做的。

古都罗马冬天也很暖和，它不仅是流浪汉栖身的宝地，而且是流浪猫的乐土。也许有人已写在有关的纪行里了，以罗马广场为代表的毗邻市区的大小遗址，全都是流浪猫的天下。倒塌的圣火神殿的石柱上面，新挖掘出来的旧王的墓冢里面，没有一天看不到猫们在见到人时仓皇逃窜的身影。卡皮托利冈北麓的罗马帝国一世大帝的纪念塔旁，留有托拉将馆址的壮大遗迹，它周围是难以攀缘的高大石壁，数十只无主猫总是在其中优哉游哉地玩耍作乐，大概青蛙、蜥蜴之类就是它们的食物吧。这些景象让我感到，猫与人分手独立走出后，在自己独创的社会里享受着自由自在的生活。由意大利的特殊环境所催生的猫族的共同生活，未来会走何方呢？也许将来会有远道而来参观取经的拜访者吧。

三

猫与人打交道始于何时？猫的地理分布情况又是如何？这些基本事实，直到现在我们仍不清楚，历史的角落里这类盲点实在不少。不过在猫看来，不管是出于必然，还是偶然，它们会觉得与人的关系一直处于变动之中。耐人寻味的是，尽管分属五洲四海，相隔千山万水，对全世界所有的猫来说，其变动的原因大致相同。

我回到东京以后，发现还是和以前一样，无主猫一家与我家继续和平共处，相安无事。我家无主猫的长相有显著特征：身上有红中夹白的斑纹，脸部相对扁平。它们已经延续很多代了，可特征却几乎相同，连斑纹的位置也没有改变。还在我大女儿出生之前，它们就一直住在我家，从没有挪过窝。最早来此居住的公猫的样子，我依稀还略有印象。我一看就知道，它肯定是因为与前主人意见分歧才不辞而别的。它的脾气与年岁同步增长，渐渐变得暴躁起来，总是扭着头而不是向前看，在院子里也只是一晃而过。据我的观察，它的警惕性一天也没有松弛过，而在谋求食物的技能方面，则要比家猫高出数倍。

一到春天，这只公猫就精神亢奋地叫唤求偶。此后会有一段时间的平静，然后就不知从哪儿传来了小猫柔细的鸣声，而尽量避人的母猫的目光，此时就变得更加阴森了。又过了几个月，两只、三只小猫仔就现身了，每只身上都有着相似的红斑。长相虽然相同，性格却有差异。仔细观察一下就不难发现，有的猫十分怕人，战战兢兢地惶恐度日；也有的猫比较大方地停在原地看人，距离稍远一点的话，则会安心地蹲坐着，如果唤它，还会喵喵地回应。如果宅院的主人并非十分讨厌猫，好心相待，它们重新成为家猫的可能性还是很大的。

这些小猫长得很快，很快就长大了，变成无法无天的贼猫，然后又开始繁殖生仔。由于毛色过于相似，要分清楚它们的世代显然是不可能的，但怎么算也应该有十几代了。不可思议的是，老猫的数量并不见增加，也不知道它们生命的最后是怎样度过的。但小猫仔仍然照常生长、发育，它们的年龄大体上也一望可知。总是年轻的猫很多，而老猫很少，想来是无主猫的寿命要远远短于家猫的缘故吧。

因为没有饲主，无主猫看起来无忧无虑，而且悠闲。透过玻璃窗，可以看见它们一天不知多少次在院子里来来往往。有时会有一只独自在稀疏的树枝、草叶附近出神地望着什么；没有人时，这只猫会打盹，打盹的地点并不固定，有时是在路沿上，有时会悄悄地进到房间里；平时人如果唤它，它会迅速躲开。可也许是雨天寂寞，下雨时，它一天会多次进到房间里。如果你把隔扇门打开，它会一直盯着里面看，见到人时就发出叫声，让你感到它不像是个虎属之兽。

这些小猫中，有一只在没长大前，性情特别温顺，喜欢与人亲热。我家孩子喂它食物时把它唤作"tama"，它一到院子里，就撒起欢来、摇头摆尾，显得十分亲昵。我想，它会不会是偶然混入的外来户呢？仔细一看，就发现虽然遗传因子有些变化，但它身上同样有那个特征明显的红斑，所以说它是这个家族的一员，是一定不会错的。不过，后来它还是渐渐与人疏远，与它的同伴没什么区别了。

<h1 style="text-align:center">四</h1>

猫想脱离人的倾向，实际上很早就存在了。一般说来，猫与人之间的连接纽带，远没有牛、马、鸡、犬与人的纽带那么牢固，就像莫里斯·梅特林克的《青鸟》里所写的，猫甚至有可能对人抱有愤恨和复仇之心。人固然专门利己，而猫对人的服务虽仅限于捉鼠，却还是常常辜负重托，怠工偷懒。

猫生命的完结，总是在我们的视野之外。养狗没有什么注意事项；养猫的话，据说最好开始养时，就告诉它养到哪一年。年限一满，它就会不辞而别，离开主人。因为猫的这个习性，就有了老猫化为人的传说。有人相信深山里有老猫们的集合地，如同阿苏的猫岳。听祖母说，信州某人久病卧床，有只猫就来到床前，始终不离开病床。病人对此十分反感，厌恶至极。于是，他总是唠叨："待我病一好，就扔了这只猫。"把这句话都说成了口头禅。后来他的病好了，就用包袱皮包起这只猫，出了家门去扔它。可这个人出门后便一去不返，再也没有回来。

猫会说话的事情，我也是听祖母说的。祖母说，山村里到了春天，门前常有卖小鱼干的路过。某日外面静悄悄的，忽然从隔扇外传来"卖小鱼干、卖小鱼干"的声音，比平时商人的声音要小一些，也低一些。她感到奇怪，打开隔扇门一看，街道安安静静的，只有路沿那儿有只猫。大概是卖小鱼干的每次来时，都给它吃，它就记住了声音并学着说了。

《新著闻集》①里收集了几个猫说人话的故事。一个故事说，猫追老鼠时，在梁上一脚踏空，摔在榻榻米上，不由叫了声"南无三宝"。"南无三宝"是古老的猫语。另一个故事说，有个和尚患了感冒在睡觉，夜深时，有个人在隔壁房间喊和尚。被褥一角的猫听到了声音，轻轻地起来到了房外，小声说道："今夜方丈病了，不能外出。"住持只是躺着，并未睡着，所以全听见了。第二天早晨，和尚平静地对那猫说，你不用管我，想去哪儿就去哪儿吧。于是那猫立马跑了出去，再也没有回来。

还有一个故事说，某人常用的手巾不见了，定神一看，猫正衔着手巾悄悄地往外走。那人吃惊之余不由大声喊起来，那猫闻声即

---

① 日本传说故事集，8 册 18 篇，有 377 个故事。一般认为由神谷养勇编著，于 1749 年刊行。

飞快地溜走了，从此就没了音信。

对此事，猫听了或许不服。它们会说，我们也就是学着人的样子跳跳舞什么的，怎么会偷盗手巾呢？分明是冤枉啊。人类随意地把猫捉来置于家畜之中，可是待遇却有厚薄，对这个长着长尾巴的，总是心存疑忌。结果招致猫族反抗，离家出走。可猫并不远行，滞留在人的近旁，常能带给人一点小小的威胁。这与北美的社会情形有几分类似：那些被奴役的奴隶成长后，就成了白人社会的一个难题。

下面我想就三毛猫这只公猫发表一点意见。我们看重这只三毛猫，除了物以稀为贵这个因素外，还因为它具有除厄免灾的功用。社会上不知从什么时候开始流传的，说海上遇到风浪时，将三毛猫奉为龙神，就可以化险为夷，所以宁愿花大价钱也要将其置于船头。有关将猫奉为神明、向其供奉祭品之事，在其他民族那里也常能听到。如果把猫从深山中带来的原始动机是为了除厄免灾，那么这只猫即使变身，人们也会见怪不怪；另外，当其法力并不灵验时，人们也不会大惊小怪。因为人与猫的关系早已固定下来，现在只是按照古老习惯行事，如果出现问题，只不过将其视作不曾解决的遗留问题罢了。

有关没有尾巴的猫这件事，在日本文化中是一件重要的史事。

身为猫而没有尾巴，是像某些猴子那样天生的呢，还是像本节将要提及的某种狗那样，是被人特意改良的呢？动物学家直到现在对此仍没有定论，我倒是倾向于后者。起先是人为的性质，代代相继后最终固定下来成为遗传基因的例子，在人类世界里比比皆是。比如有许多人耳垂上留有小孔，日本人至少有一千年禁戴耳环了，但仍有痕迹流传至今。对外国人来说，日本有的猫没有尾巴这件事是非常稀奇的。日本有个谚语用猫的尾巴来比喻有也行，没有也行。外国人听了这个谚语后，几乎没有不惊讶的，而我们则对外国人的反应感到愕然。这其中的含意，难道不值得我们深思吗？

此文拉拉杂杂扯了很多，最想说的，其实就是猫的尾巴。一方面觉得有也行，没有也行；另一方面又认为有是理所当然的。我们的祖先不会认为它没有意义，同时也不会特意说明其意义。而他们把这个猫改造成没有尾巴的三毛猫后，是什么原因促使他们又把它放回荒野的呢？果真既不存在对猫的误解，又不是出自随心所欲，而只是有着先见之明，为了猫的幸福才这样做的吗？忙忙碌碌的绅士们，恐怕永远也不会考虑这个问题吧。

《太阳》杂志的记者滨田德太郎，是我所知道的第一流的猫学专家。他是从猫的心理入手展开研究的。这里我想就便请教一下滨田先生：您对猫国文化的未来，持什么态度，悲观还是乐观？最后附带说一下，日本各地的方言都存在难以解释的方面。比如有的县称猫为"yomo"；有的县称狐狸为"yomo"；也有把老鼠叫作"你媳妇"①的，这个"yome"也许就是"yomo"的音讹；还有的方言把麻雀叫作"yomu 鸟"。而在南方的一些海岛，尤其是冲绳，把猴子称作"yo-mo"。我觉得这些词汇均给人以"灵物"或"魔物"之感，虽然我无从确认其正误。顺便提一句，整个琉球群岛，已经不再有这个被叫作"yo-mo"的猴子了。

（大正十五年六月　随笔）

---

① 日语为"嫁が君"，读作"yomegakimi"。

旅行二题

一　有井堂

芜村的俳句集《无车反古》的《序言》里有《登彼东皋》这首俳句：

> 野径蔷薇花无数，远眺恰似故乡路。

读着它时，我总是忆起这条路来，虽然路上并没有开着的蔷薇花。

啊，那是一座常常出现在我梦里的山。与以前相比，松树长大了，更加郁郁葱葱。春天是游山的季节，在山岩的阴凉处铺上席子，用从家里带来的炭炉烧烤食品，可以优哉游哉地过上一天。当然，孩子们是坐不住的。周围是一大片杜鹃花，向下走几步还可看见蕨菜与虎杖。我们把虎杖称作菩萨，在日本的古语里有多智之意。

不管哪次来，总能看见妈妈们一边吃着，一边笑着，拍着手唱着歌。在那个地方，"流连忘返"这个成语的意思，连孩子都懂的。妈妈们在山里练习后再去酒宴上唱歌时，歌声就更加清亮圆润了。妈妈们的歌声传得很远，很远的地方也有人在听。春天时田野里有青青的麦子，有黄黄的油菜花，有莲藕田，色彩斑斓，煞是好看。云雀婉转的鸣声，也传到山岗上来。在目力几乎难及的稍远处，又有好几组人进山来玩儿，看起来彼此好像互不相识，其实互相都知道得很清楚。

从山里望出去，大海被矮矮的山头挡住，一点儿也看不到，但是脑海里却浮现出川流正向海里流去的画面。据说过去曾能通拖驳，后来因为重视农业，围堰造田。有个渡口，挽起裤腿，从围堰下边可以走过去。因为并不是钓鱼的理想场所，所以人们也只在夏天去那儿玩儿；但女人和孩子们，连一棵小树、一块川原的岩石，都能记得清清楚楚。川原非常广阔，我们把它称作大川。不发大水时，那个样子简直就像土佐画的六玉川。虽说是大川，也不是啥都有。如果有孩子在那里钓到一条尺把长的鲤鱼，那么二月开学时，就会在学校受到批评。那儿到处是美丽的山水，但似乎不像是能诞生伟人的地方。

满山遍野的人举着松明火把登山乞雨时的壮观景象，除了这一带，别处很难看到。对他们来说，乞雨之际也就是节日之时。送走蝗虫的火把队伍，偶尔也会登上山去，但大抵围绕着田圃，按照既定路线行进。每当此时，天黑以前就会敲响大钟，所以我们都跟着去看热闹。这个情景我记忆犹新，稻草人骑在稻草马上的样子也历历在目。这里显然说的是斋藤实盛之事，因斋藤实盛是去京都，所以自然可以把蝗虫带走。当然这种事情是不见于史籍的。

让我不能忘却的还有山桃树。毫无疑问，山桃树是宫里的神树，但孩子们整年都在树上爬来爬去。总听说山桃树的果实很好吃，可也许是鬼魂在搞恶作剧吧，我一次都没有见过它成熟的样子，因为总是在它的果实很小并青涩的时候，孩子们就把它吃掉了。我不太灵活，所以爬树时被大人制止过，不过殿前的石狮子我倒是多次骑上去过。

　　我家旁有林，林有山桃树。石狮当仍在，最难忘故土。

那时拜殿还很新，悬挂着许多陈旧的还愿或许愿的木质画片。

里面有画，画着唐玄宗在看安倍仲麿与杨贵妃下围棋；旁边还画着一只狗，据说谁要输棋时，它就会把棋局搅和掉。但不知此画出于谁的手笔。中央巨幅画像是忠臣藏复仇故事的十五个片段，因为其按照顺序分成十五个部分，所以我也就了解了这个故事。这幅画是家父的朋友藤木所作。在背阴处还有两块小匾额，一块写着字，一块画着画，作者则是家父。我作为儿子，每看到它们时，总是很高兴。

我家的后门与神社的石阶遥遥相对，相距不满一町①。现在它被邻家买去后，围上了土墙。原来只有一些竹丛，后门是很少有的亮亮的竹门。它处于村子的中心位置，是一个非常安全的好地方。那里良田很多，不过农田却与我家无缘。只有古老的《峰相记》这本书提到的村边那个小小的药师堂，算是"有井堂"的遗迹。家父对宣传有井堂之事十分热衷。那院子只有一点点大，有一眼枯井，旁边有一个坟洞。相传很久以前火雨落下时，村里人都躲进了那个坟洞。坟也很小，但却是一座古坟。当然，躲进洞里避难的，并非我的祖先。据说家父曾进过这眼枯井，他当时神经衰弱得厉害，某日夜里忽然失踪了，大家十分紧张，到处寻找，最后在这眼井里找到

---

① 町为长度单位，一町为 109.090 91 米。

了他。找到他时，他说正在井里看月亮。不过此事发生时我还没有出生，但我直到现在，仍觉得真有其事。

不仅如此，有井堂与我家还另有深缘。因我家后门靠近药师堂，我们兄弟几个就成了某种意义上的值班员。那时的村狗里，有一只强悍的黑母狗，它每年都在药师堂下产崽，我就担起了报告此事并给人做向导的职责。我还记得这件事我干了两年或者三年。我常常从放置葬器的北门进去，在落满灰尘的地板下面爬行，这样的行为总共有几十次吧。因为长期抽烟，现在我的嗅觉已被烟熏得越来越不灵敏了；可当时那些器物散发的香味，我怎么也忘不掉。现在那里什么也没有了，我说这些，也只不过是句空话罢了。

狗其实和人一样，如果幼时即与人相处，自然而然与人的关系就亲密起来，那个人也就成为其心中的家长。那些狗崽常常来我家觅食，且渐渐长大，也学会了耍一些小把戏，后来也不知跑到哪里去了。我也曾把最喜欢的狗仔在家里拴过。杀狗的人要来的那天，我曾经央求母亲把大门紧紧关上。我也曾把小狗放在大垃圾箱里，挂在梅树枝上，结果垃圾箱掉了下来，把小狗吓得直叫唤。还有一只红色的公狗，狗爪却是黑的，非常强悍，把它的尾巴拎起来，它也一声不吭。村童们都期待我好好保护它，可它还是未逃脱被杀的命运。这只红色的公狗被杀时，我已经是个年轻人了。我也曾鼓动它去邻村的后面田圃里，与别的狗撕咬打架，当时的壮烈场景我现在还能记得。翌年又有一只黑狗，也是意气风发，非常勇猛。后来它不知在哪儿，被狠狠揍了一顿，歪着脖子回来了，我心疼得哭了一场。大概是脑袋受了重创，这只黑狗的眼神从此变得混浊不清，就这样蔫头耷脑地活了很久。它的母亲老黑也渐渐老去。后来我们搬了家，可它们还留在那儿。此次回乡，只见到很多乌龟与小狗。小狗们住在饲主的家里，一个劲地叫唤。山山水水现在都变得更好看了，可我还是更迷恋从前的许多东西。

二　金刚证寺

我坐上了朝熊山的缆车。缆车沿着笔直的线路向上开动后，同伴忽然颇有些伤感地说起了家事，说孩子们还都在上学，双亲年纪都很大了。我不知道他为何突然要说起这个，一时不知说什么好。缆车上升的幅度很大，有些骇人。现在是雨天的下午，坐缆车的就我们两人，如果两人摔死，哪家报纸会刊载消息呢？因为内心都有点寂寞，所以我对同伴开起了这种玩笑。缆车到了终点站，那站上也只有孤零零的一个站长。一个卖东西的，在店里打着哈欠。在山下听说山上有人力车，但也不见影子。虽是秋季，但还未到赏红叶的时节，所以游人才这么少。在春光明媚的参拜神宫的季节，参拜的人们几乎没有不顺便到这座山上来的，那时的拥挤程度不难想象。这样一想，心情也随之轻松起来。实际上，在关西地区如要寻找游人稀少的游览地，那是需要特别动点脑筋的，比如露宿园边或者彻夜不睡之类，否则根本没门。所以这当儿没有游人，实属千载难逢。想到这里，心里竟有点儿飘飘然了。

人一点点多起来了，不断有三五成群的人从山上下来，下山的人除了山里的居民外，有些也许是早晨在山上参拜的人。这么多的人，简直让我对刚才无人的情形起了疑心。山路位于山岭之上，自然路面没有什么积水塘需要飞身而过，但走到树荫下时总会有水滴落下来。幸好此时的天气已在渐渐放晴。那个豆腐店不像听说的那样古朴，坐垫倒很干净，角落里还有个墙上刷着油漆的食堂。如果再下雨就需要住一宿了，但因为我们打算乘夜车回去，连手套都放在山田，所以还是决定按原计划回去。我在家时散步，总喜欢趁路上无人时出去；但旅行毕竟与散步不同，没有这个必要。虽然我们时间充裕，但并不会因此而长时间伫立一处，所以不经意间已经走到通向山门的路，来到万金丹屋跟前的一个转角。

那儿视野极好，视线越过山岭，可以看到斜斜的大片海面，山的样子也非常美。这样的美景，让我终于有了庆幸今天来游的好心情。算算日子，明天就是明治节，今天已是十一月二日。近处的树木已经渐染秋色，远处山头的树梢则已是秋色绚烂。志摩和度会郡尽收眼底，更远处是熊野一带的连绵高峰。左侧的海面上，闪烁着太阳的光辉。我在那智的妙法山前、木曾深处的三国山巅也这样眺望过，但那些地方看不到海，也没有今天的水蒸气。眼下淋湿的山景被太阳一照，一切都清楚地呈现出来，色彩有浓有淡，就像彩虹呈粉状散布在林间一样。从林后照过来的强烈阳光，在林间闪烁跃动，给人以诸景围着日轮的印象。我和同伴修行不足，对佛教的灵光并没有什么特别的感悟，但眼下还是被这个非同寻常的光与霞深深打动了。我眼睛里不禁涌出了泪水，不得不常常擦拭，因为不如此就看不清楚了。

进了金刚证寺山门，庭院很大，却空无一人。我们先拜了石阶左侧的虚空藏菩萨。这时不知从哪儿跑出来一只摇着尾巴的瘦瘦的小白狗。观察它的面部，可知其刚刚脱离幼儿期，是一只并非原产日本的狗。它居然登上了这么高的山顶，这让我惊讶不已，也让我感叹悲伤。有位夫人，一看就知道是那种讨厌狗的人，可这只狗却不会察言观色，在夫人的裙边转来转去。夫人举起遮阳伞欲打，我赶忙止住了夫人。我对她说："这只狗孤独得很，怪可怜的。"我心生怜爱，嘴里召唤着它，想找个店，买点儿什么给它吃。可它到了石阶下，就不肯再进一步，而那附近也没有店铺。告别了狗，我在一座座殿堂里进进出出，总算遇到了第一个参拜者。他看上去应该比我小四五岁，但也到了被称作"翁"而不会生气的年纪。他穿着白衣，系着白巾，手持旧斗笠，脚上也穿着朝奉者所穿的正规鞋子；眼神则露着朝奉者常有的温和恭谨。朝奉者默默地参拜后，很快就走往别处了。

寺院后面，是通往地藏菩萨的路，走了约200米来到一断崖处时，视野一下开阔起来。举目望去，但见祭奠死者的高大的塔形木牌，两层、三层地排列着，密密麻麻，简直像墙一样严丝合缝，其间几乎不透空隙，数量之多，不能不让人感到吃惊。从木牌上写着的姓名、年龄看，死者中年轻男女很多，也不知是什么缘故。那些特意前来吊唁的人自不用说，即便单纯为游山而来的人们，面对这种场面而不感到震撼、不涌起哀思的，也应该只是很小一部分吧。地藏堂前有个巨大的石香炉，有两三位工作人员。香炉里浓浓的香烟袅袅上升，却并没有被风吹散，形成了一面烟霞。山冈的顶端崖边半悬着一座小茶馆。置身小茶馆里，耳鼓里隐隐传来大海的涛声，眼前则是海边的荒滩。但见惊涛拍岸，白浪穿空，瞬间碎开散去，一刻不曾止歇。凝视这样的景象，感觉它所表现的人世无常之感，比万千说教还要深入人心。当我举目再向志州海滨、海角方面眺望时，天空忽然出现了大片的云层，仿佛在提醒我：已到了返回的时间。是的，是得往回走了，天黑后就不好走了。这样想着，脚下用力，很快就回到了金刚证寺前。我惦记着那只小狗，目下四处寻找，却发现刚才碰到的朝奉者，在本堂那里放下了斗笠正在休息。而那只狗的下巴枕着老人的膝盖，头享受着老人的抚摸，在快活地摇着尾巴。

（昭和十四年十月 《俳句研究》）

毛利的实验

一

　　时隔三十多年再仔细观察狗时，我第一次真切感觉到世事的变化。狗的身上也折射着我们的文化，它们当然不会有改良的志向，但也没有置身于人类文化之外完全按照自身意愿生存的能力。它们被人饲养，就意味着必须寄人篱下。这种情形早已体现在牛、马身上，但狗与人之间的契约还比较新，还有些条款没有固定下来。很明显，狗的一生自始至终都离不开人的同情，但是它身上历史悠久的被人信赖的根基，即某些神秘性，却已经有了消失的迹象。

　　下面这个故事我到现在仍记得很清楚，这也是让我养狗的动机之一。话说以前有位住在神户附近的政界名士，从纪州熊野的山中带回了一条猎狗。他无微不至地精心照料、驯化它。过了半年，他觉得驯化得差不多了，就带它进山打猎。解掉颈绳后，猎狗迅猛异常，逐狡兔，扑山鸟，颇有建树。然后名士又领它爬上了高峰，它在高峰上频频地四下张望，很快就跑进了山谷。名士以为它又发现了什么大的猎物，可后来任凭怎么呼唤，狗再也没有回来。据说名士连续寻找了五六天，找遍了附近的所有地方也没有找到。好端端的一条狗，却突然失踪了，他自然久久难以释怀。后来熊野方面来了信，说失踪的猎犬自己回到了熊野的老家。我闻讯吃惊之余，心中不禁涌起万千感慨：狗的举动与人实在太相似了。还听说名士曾想再带这条猎狗出去打猎，却一直没有勇气。对知犬家来说，此类事例当然不是个别，可以说不胜枚举。比如秋田犬忠心耿耿，躬行着一狗侍奉一主的主义。有关秋田犬失散后从东京一路找回家的故事，我间接地听说过好几个。这当然不仅仅是狗的方向感卓异、嗅觉灵敏的问题。人在进行长距离旅行之前，首先要搞清楚旅途中将要经过哪些山川、隧道、铁桥，甚至连有无车站搬运夫、站台盒饭都得确认，然后又要考虑睡哪儿、吃什么等问题，一切安排妥帖了才会出发。而一只狗在找路回家时，对前路可谓一无所知，也不会遇到同伴，路途漫漫，凶险而且孤独，这需要何等的勇气和毅力啊！狗其实平时很少外出，饲主到哪里，它就跟到哪里。只是在出现异常情况时，才三五天不露面，而后又千辛万苦地回到家里。这种意外举动，总是能带给我们莫大的感动。而这同时也是社会上有关狗的美好传说得以流传的根源，诸如某地惊现犬寺、犬冢，狗发现了泉眼、挖掘到财宝之类。可自从狗被套上颈圈、拴上颈绳后，它们的社会就不能不发生变化了。它们往日的生活，现在只剩下不多的痕迹。历史学家看重这些痕迹，我以为也是不得已的，正如西洋的葡萄酒通，对陈酒情有独钟一样。

二

在东北地区的犬仔故事里，很多小狗都是站在一截树墩上从河里漂来的，如同桃太郎的"桃"、瓜姬的"瓜"那样。故事里又总是说小狗长得飞快：用碗喂它，它就长得碗那样大；用钵喂它，它就长得钵那样大；用盆喂它，它就长得盆那样大。我家养的"毛利"，虽然后来长成了三四十千克重的大狗，但北秋田人送来给我养时，它小得能放在一只手掌中。我当然懂得送者的好心：养狗最好是从狗尚混沌无知的婴儿时养起，体验、享受全过程。当我把它放在装橘子的纸箱中，用布包着带回来时，家人几乎没有谁认为它是只小狗。这么小的狗，怎么才能养大呢？我还在苦思良策呢，它自己却很快就长大了。它的快速成长出于天性，只不过主人未曾留心罢了。

毛利总喜欢进到屋里来，此点颇让我惊奇。它在夜里常常叫唤，令人怜爱；可当你把门打开一点儿出去看时，它并不凑到你身边来，而是一闪身就进了正屋，在屋里逡巡走动。我家铺的地板较低，与土质的玄关高度相差不大。尽管为它在玄关特备了卧室，但它从来不老实地待在那儿，仍然不停地在正屋四下走动。这样的习惯，在它的农村故乡是不可想象的，所以起初我感到不可思议。后来一想，它不过是由着性子想去哪儿就去哪儿，也没有什么可奇怪的。它站在鞋箱上总往墙上爬，我好几次把它捧下鞋箱，它仍是不屈不挠地非爬上鞋箱不可。如果你硬要阻拦，它就会"呜呜"直叫，并回过头来盯着你看，脸上明显露出生气的神情。

它还有一个怪癖，也许是来我家后才有的，就是它很讨厌被人抚摸脊背。早在幼年时，就多次因为脊背被抚摸而生气。你轻敲它的头时，它甚为受用，眼睛快活地眯成一条缝。可是如果你把手向它颈后延伸一些，就犯忌了：它立刻后退，并且龇牙咧嘴做咬人状。它刚来我家时，身上有许多跳蚤，我们曾按住它，往它身上涂过一次今津的杀虫粉。倘若是人，因为明白这样做的必要，自然宁愿忍受一时的不快；但对它来说，这只是一场难受的刺激而已。又因为它的嗅觉特别灵敏，所以它所感受到的痛苦，应该比挨了一顿打还要严重。在我的记忆里，开始涂杀虫粉时，有些扬起来的粉似乎钻进了它的眼睛和鼻子里，想来这个经历与它怪癖的形成不无关系。后来它的这个怪癖越发严重，甚至只要有人绕到它背后，它就会警惕起来。它这样敏感，我以为亦体现了其酷爱自由的天性。邻居们养的那些狗每天早晨都能享受淋浴，当我看到它们"色男"似的经过我家门前时，就会产生一些对毛利的歉意。毛利身体搞脏时，就只是自己舔舔，当然没有那些"色男"干净，所以更被人当作无主的村狗而饱受歧视。虽然现在再来赞美它的毛色已经太晚了，但还是将有作无说几句吧。它的皮毛是深而亮的黄褐色，被当地人称作柿色，更确切地说，它酷似熟柿子的颜色；而嘴的周围、足爪及尾尖，则是醒目的白色。只是在幼年两三个月大时，曾出现过掺有黑色的灰色，这在东北地区被称作芝麻色。大约在仲春时节，它的毛色渐渐变红了，但不知什么原因，腰部附近有块毛色却始终未变。此事让我觉得蹊跷，并放心不下，担心会发生什么。就在我想这想那之时，毛利一生中最大的灾难降临了。

三

有人忠告我养狗的要点只有一个，我理解这个要点就是要给狗上规矩；可我管教不力，所以有人批评我让狗养成了坏习惯。像卖艺人那样鞭驯，让狗畏惧主人，不失为一个办法，但该法对我来说是行不通的。且不说毛利不像是屈从皮鞭暴力的主儿，其实我也舍不得那样做。它犯了错误，我只是用眼神、脸色去斥责它。这种斥责，当时似乎也有效，但毛利像一个新来的狗那样，总不长记性，它一旦生了气，就把我的斥责置之脑后了。用绳子拴住它，恩威并重，用食物的增减来迫使它听话的办法，应该最为有效，可我也不能付诸实施。这不仅是出于我的慈悲心肠——尽管它并非人类，可让它挨饿未免有些残忍；而且，也因为我根本没有时间训练它，我忙得甚至连一天溜一次狗的时间也抽不出来。所以扪心自问，我其实不具备养狗的资格。以前曾有少数人家专门雇人养狗，一家之主很少身兼养狗之职。古式的狗需要古式的饲养，由一个外行随心所欲地瞎养，是狗的灾难。

我之所以养一只看门狗，并为它取名毛利①，是因为当时我的住地附近，有令人不安的小偷出没。但我压根儿就没考虑到狗被困在高墙土仓围着的院子里失去自由的苦恼。某日我觉得夜里老把它拴在家里未必就能看家，于是黄昏就不再拴它了。只见毛利用头顶开院门立刻钻了出去，至于它去了哪里，则不得而知。直到第二天上午九十点时，毛利才疲惫不堪地回来吃早饭。打那以后，也许是

① "毛利"的日语发音与"看守"相同。

由于寂寞，也许是出于亢奋，它对被拴在家里十分反感，总是大声狂吠。带它散步，它当然很高兴；可散完步回家时，就赖在门口不愿进来，或坐在路当中，看着来往的人或狗兀自开心，那样子与一只村狗无异。我觉得这样养狗也很自然，也就听之任之了。它不愿困在家里，是因为它的心灵深处，渴望着与外界的交流。它还很年轻，天真活泼，有着自己的骄傲。

它博得"猛犬"的名号，是一年后的事了。但此时已出现了不祥的征兆。先是有个陌生男人，忽然每天都来窥视毛利。有人觉得可疑，曾让我提高警惕，可毛利还是突然失踪了。我找了两天好不容易才找到它，它当时被绑在在邻村澡堂前的空地上。还有一次，它的颈圈不知怎么脱落了，被打狗队当无主狗捉住了。我求爷爷告奶奶才把它要了回来。此后我就对狗绳不敢掉以轻心了，任它怎么叫唤也不卸下。下面的祸事到底是怎样发生的，我到现在还糊里糊涂：一天刚出门，它就遭遇了车祸，被电车压伤了。

四

我怎么也忘不了毛利全身是血、睁不开眼，被一个年轻的车站工作人员抱回来的场景。为什么仅仅因为在铁轨上与别的小狗打闹戏耍，竟遭到被电车撞飞的惨祸呢？好在它仅仅伤了右后脚的指尖，真是不幸中的万幸。它最初两三天只是静静地躺在那儿，不时地舔着伤口，对食物连看也不看一眼。我甚至担心它会就这样死去。但没过多久，它就缓过来了。它少了两个指爪，毛皮脱落的地方，也肿得很厉害，看上去很疼。不到万不得已，它绝不用那只脚站立。这种可怜的状态，持续了约半年之久。我曾多次请兽医治疗，可毛利脾气很倔，伤脚绝不让碰。我也曾出过施行麻醉再为它治疗的主意，但医生说没有必要大动干戈，它自己会逐步恢复的。就这样磨磨蹭蹭，把日子拖过去了。在这期间，它的身体长大了很多，性格也随之暴躁起来。人如果不留神靠近其受过伤的指爪，它就会发怒；后来发展到只要嘀咕其伤情，或者眼睛瞟瞟其伤爪，它就会生起气来。虽然它看上去意气风发，动作机敏，可它的举动常常是逞凶斗狠，失去了像人类体育运动那样的游戏性质。此时它的脸形，也长成了大狗的模样。

它成了这个凶相，真是始料不及，还不如最初就把它关在笼子里。当时只是考虑多给它自由，让它自由自在的活动，可不曾想竟遭遇了车祸，让我与它同时失去了生活的快乐。作为饲主，我对毛利的凶恶化难辞其咎，于是向周围有关人员、向秋田犬保存会会长坦率承担了全部责任。但承认错误容易，解释成因困难，我的智力显然不够。自从车祸惨剧发生以后，我格外关注起毛利的生活，多费了一倍的精力与时间。与此同时，毛利的日常起居变得正规庄重起来，不再有小狗之流的轻举妄动。我多次观察到，每隔一段时间，它就会重复同样的举动，好像已经形成了一个行动准则。一般说来，狗耍的把戏，反映的是人的文化。狗常常表演摇摇尾巴、耸耸耳朵之类的动作，都是为了迎合外界的要求和期待，并且会根据外界的需要变化和发展。狗有独立的需求，人并非不知道，但习惯于采取抑制的办法。怎么抑制为好呢？传统的史料中，可能存在一些有用的内容。我也才刚刚开始探索此事，当然现在还不能得出确切的结论。一定是出于某些不得已的原因，才让我们与这些史料失之交臂，并且再也无法得到。这对我们研究狗的历史来说，是一个重大的损失。而以后要重新进行这样的实验，一定会更加困难了。

五

我本来打算一丝不苟地完整记录客观事实，可我的观察却不够持久，我掌握的资料也远不像法布尔①那样丰富。因此即使有人对

---

① 法国著名的昆虫学家。

我的记录不以为然，我也无话可说。不过我所观察到的事实虽不够完整，也总是聊胜于无吧。我一开始进行这个实验，意外的发现就接踵而至。首先是有关狗的经济问题。在人开始喂养它们之前，它们是如何解决生存问题的？我家有块儿大的草地，孩子常在上面玩耍。而毛利总是把下巴放在前腿上，远远地半睁着眼睛瞟着这边的动静。当它一看到孩子倒下或躺下，就会飞奔过来。起初你以为它是来和孩子玩耍的，但孩子一从地上爬起来，它转身就走，回到原地照原样躺下。可见引发它兴趣的，只是人的跌倒而已。虽然彼时它既没有撕咬，也没有扑打，但它奔来时总是"汪汪"直叫，晃动着尾巴，大张着嘴，动作迅猛，气势吓人，所以每次总令大人与孩子惊骇不安。有传闻说狼擅长盯梢，常常跟在人后，人一旦倒下，就上前扑食之。这传闻当然并没有实证，但毛利的上述举动，却自然引发了我的联想：狗原本是否也有这样的习性？它们不仅善于捕杀小型动物，而且不怵大型动物，惯于等着对方出错，在有机可乘时立即下手。人类的体育竞赛，似乎与其有类似之处。猎狗的集群作战是打猎时常采用的办法，组织者的本意是集中力量打歼灭战，这当然事先并未与各个猎狗协商。实际行动中主要还是看单狗作战的能力，看猎狗如何能发现并抓住对手的弱点，予以致命一击。也许在猎狗们看来，一切都靠自己，猎人手中的弓矢、猎枪，不过只是使捕获猎物变得容易一些的符咒而已。毛利把孩子作为训练的试验品虽不是真做，但总归令人恐惧。类似的实验在小狗之间也经常发生。它们当然没有训练的计划，只是在体会飞奔跳跃的快感，尽管并无所得，但在一次次的重复中，自然会练就本领。

第二是家庭制度问题。我搞清楚了此前一直不明白的一个小小的事实。我家最近每天都有只陌生的小狗光临。毛利不喜待客，平素没有朋友，如有外狗来，就去撕咬，所以没有狗敢靠近它的食器。但这只小狗却是个例外，总是心安理得地吃里面的食物。毛利对其网开一面，宛如换了一副面孔。那小狗是只杂种狗，看上去卑微到似乎不值得取名。形体非常小，性格倒是温和，但它太不起眼了，很令人怀疑它没有饲主。这也许就是天赐良缘吧，过了好久我才知道毛利娶它为妻了。后来它忽然消失了，而且从此就再没出现过。但那一阵子直到明显怀孕为止，它天天都来，来后什么也不干，就懒懒地睡在草地上，无精打采地混日子。它看到人来，就赶紧跑开，躲到墙根的暗影里向这边窥视。所以我家没人喜欢它，一致认为它是个专门蹭饭的狡猾的家伙。可当我们跺着脚，做出凶恶状，要赶它走时，毛利就爬起来，冲着我们叫唤示威。这终于让我们明白：这只小狗已经晋升为毛利之妻了。迄今为止，狗的家庭都被当作母系社会，现在这个常识被颠覆了。我总算明白了，这个结论是人强加于狗的。即将成为母亲的动物更显出弱势，需要雄性的保护。保护与爱惜它们的行为，甚至也体现在鸟类的父亲们身上。把母系社会的形成归因于父亲们不负责任，也很可能是社会学家的误解。再做一次同样的实验并非不行，但对新种的家畜是否仍保留着同样的习性，我颇无把握。还有，如果毛利不具有冲动易怒、喜怒必形于色的坦率性格，那么它保护妻子的绅士式的举动，就不会明显表露，我们也就不容易察觉了。

六

　　毛利的占有欲，是以很奇妙的方式表现出来的。我家后门边有一棵茂盛的八角金盘，其下设一机械式的排水装置，长长的木质把手伸在外面。这里朝北背阴，土温较低，夏天来临前，毛利常从那木把手下匍匐而过，寂寞难耐时就啃咬把手，在把手上留下了无数齿痕。对它来说，这些齿痕是一个标记，意味着那是它的所有物。某日，一个平时经常照料毛利、但不知把手已归毛利所有的当地警官，因为要检查排水情况，就把手放在了木把手上。毛利远远地看到后，立刻飞奔而来，发怒地站立着狂吠，直到警官放开把手。此后只要有人来到这儿，它就一通狂吠，甚至有人因此被它咬伤。它如此蛮横，自然使它招到很多人的厌恶。来了陌生人，如果是从正面玄关进来的，它一声不吭；若走的是后门，它就带有敌意。何以至此呢？我想，其根本原因就在于，后门边这棵八角金盘的树下，已被它当作自己不可侵犯的领地。

据说有的西洋狗因有挖洞藏食的坏品性而受到责难。在这方面，毛利的恶癖似更严重。它孩提时代挖洞的本领就不同一般，起初也许是想挖出地鼠什么的，后来热衷于挖洞藏物，似与其幼时习惯不无关系。某日我们看见它叼着鞋子走路，一下子引起了我们的警惕，一查找，发现小儿的高腰皮靴不见了。从院内找到院外，我发现毛利的眼睛频频地望着某处。走近一看，发现皮靴被深埋在牵牛花的篱笆下，地面只露出两根鞋带，像蔓草一样随风而动。某日我刚一下田，毛利就像救火一样飞奔而来，脸上还带着怒气。这举动让我起了疑心：莫非它在那附近埋藏了什么？于是我一个劲儿地挖下去，果然发现了它不知从哪儿弄来的新鲜面包。我曾听说深山里的野兽往往也有类似的习惯。狼搞到的食物如果白天拿不了，就放在原地，夜里再来运走；或者因其白天当班，就把食物藏在某处，撒上点盐作为记号。毛利的举动，莫非是从狼那儿学来的？野兽的生活没有保障，这样做自有它的理由。把吃剩的食物储存起来，自然也是占有欲的体现。从根本上说，这个习惯与其说是接受人的支配后才产生的，还不如说来自以前山野生活时的痛切教训。毛利眼下的怪癖，其实有着古老的根源。

这样仔细一想，就不难感到，野兽们对食物有着强烈的占有欲，是十分自然的。毛利为了既得利益而锱铢必较，其实古已有之，对它来说，是天经地义的维权行动。小猫、小狗开始吃食时，喉咙里经常"呜呜"地发声，吃着吃着，觉得发声无益，就会安静下来。毛利在吃分给它的食物时老老实实，默不作声；对自己设法搞来的东西，则丝毫容不得他人侵犯。有一次，它衔了个也许是孩童掉下的竹皮包饼回来，并且打算埋进土里。我女儿觉得不妥，想制止它，竟被它咬了。还有一次，它从牛肉店里拖来一块儿不曾断开的大骨头。我实在忍无可忍，就一边严厉斥责它，一边勒紧了狗绳，结果我也被它咬了。此前它曾咬过豆腐店的小伙计，咬过清扫烟囱的人，咬过农家的细君，每一次我都要上门去道歉，并让其接受狂犬病的检查。虽然它为我带来了很多麻烦，但我还是一次次原谅了它。可这次它竟然向主人下口了，这就很有些凶险，促使我痛下了把它逐出家门的决心。虽然直到此时，我仍然觉得尚有原谅它的余地，但最后还是通过兽医的仲介，把它贬谪到浜松去了。听说它在浜松的某个养鸡场做了看守。它的脾性是那样刚烈和固执，能胜任这个职责吗？我不免大为担心。后来有关"这个家伙危险"的流言不绝于耳。果然不出所料，它被退回了东京，但究竟去了什么地方，则不得而知，此后再也没有了音讯。我想毛利只能被拴着度过一生了。我曾多次梦见它又来到了我的身边，虽然它再也没回来过。

七

为了秋田犬的名声，在本文行将结束之际，不能不补充说明一下毛利的谱系问题。其生父生母皆是出身于北秋田的秋田犬，它刚出生时也是纯种的样子，但伴随着成长，却逐渐显出了差异。首先是体型巨大，重量与身长均比普通秋田犬大了百分之五十。它脸部比较平坦，耳朵的间隔较大，稍有些凹瘪。在斗犬流行的时代，秋田犬曾引进土佐犬加以改良，所以不能排除毛利是混血种的隔代遗传的可能。还有，土佐那儿有外国犬，杂交的程度要远远超出我们的想象。同时，也不知经由什么途径，毛利身上也有着与狼相似的一二习性。在失去了它的今天，这些也只能作为一个永远的不解之谜了。

遭遇车祸是造成毛利不幸结局的原因之一，可在整个车祸过程中，它的尾巴始终没有卷成一个圆圈。我注意到这一点后，有意制造了很多让它卷尾巴的机会，但它从没卷过，尾巴后部大体上是折成棒状，高高地竖在那里。它的耳朵直到四五个月时为止，时常会警惕地竖起来。当它来到门前的十字路口对远方发生的情况高度专注时，耳朵、眼睛、脸部和腿脚都能互相配合，可看出它的全部精力能够集中到一个目标上，身体的协调性非常好。但不知何时，它那秋田犬特有的能竖起的耳朵，不再能竖起了。它好胜斗勇，时常追逐朋辈并撕咬它们。似乎除了电车，它不惧怕任何东西。这个仅仅畏惧电车的家伙，自然很难驯化，我的驯养也只是以失败而告终。但我觉得我的失败，是由我的错误理论所导致的。有很长一段时间，毛利的儿子都寄住在附近的一个杂货铺里。正面看上去，它与其父十分相似，简直要令人产生错觉，只是尾巴细得不可思议。它有什么秉性？接受了那些遗传呢？我曾对此留心观察，但最终还是没搞清楚。只有一点可以肯定，它并没继承其父张口咬人的恶习。我家附近最近搬来了一个名叫大和田的人，以前他住在大馆，很了解毛利的出身来历。他说毛利的母亲也动辄发怒，而且也时常咬人。当然，我们不能把咬人恶习归罪于土佐犬。往昔诸侯们曾豢养吃人犬，但都配了很粗的锁链，由专人饲养。也许毛利的秉性就是由训练有素的吃人犬与山野粗朴的自由奔放者相结合而造成的。不管怎样，由于遗传，它狂野任性，我行我素，所以桀骜不驯，而且也不存在促使它产生新秉性的充足理由。因此毛利的不幸，未必就始于电车之灾。这样一想，我的心里似乎得到些许安慰，轻松了一些。

（昭和十四年十月）

狼的行踪

——致吉野人的书简

一

　　对狼在日本已经绝迹之说，很多专家都持相信态度，但我觉得这是一个难以下结论的棘手问题。虽然各地的猎手们都说，近年来几乎无人遇到或捕到狼，但当今猎手们的技能与胆识，特别是他们在深山中的生存能力，已有明显的衰退，这是我们不能不加以考虑的。也就是说，他们很可能并没有生活在能够遭遇狼的环境中。认为狼已经绝迹的另一个证据是，尽管很长时期以来对狼讯加以注意并不断寻找，却没有任何结果，研究室甚至连一个标本也没有收集到。但这个理由也并不足以服人，如果不能碰巧遇到像过去那样的好机会，狼的行踪是很难发现的，它自然不会自己映入中央学者的眼中，更何况其数目已在急剧减少。一个不争的事实是，狼的生活环境持续恶化，已基本失去了集团生活所必需的外部条件。另外，对狼绝迹说持反对意见的论者，也不能拿出明确的证据。在这种情况下，明言狼在日本已经绝迹，似乎没什么不妥，说不定这个结论也完全符合事实。只是我对此并不信服，不觉得有匆忙下此结论的必要；而且，我还感到，现在断言无狼，为时尚早，还存在一些有待深入考察的问题。我素来仰慕吉野山地①的乡土研究家，一直想拜访他们并与之探讨这个问题。他们把我归于狼全灭论者之中，虽然没什么要紧，但显然这是个误会。而通过私下信件来勾销这个误会，估计也没什么效果，所以我想用公开信的形式，详细阐述一下自己的意见。愚见若能对资深的山地有识者们提供些许参考，则幸莫大焉。

二

首先我想说说时间问题。在狼全灭论者中，有人认为日俄战争②时仍有狼，有人认为早在明治初年③狼已绝迹，还有人认为狼

---

① 位于奈良县南部。
② 1904—1905 年。
③ 1868—1912 年为明治时期。

从明治二十三年、二十四年起，再无踪迹。当然他们仅就各自的当地情况而言，认为全国的狼皆已灭绝，只是顺口一说而已。一方面没有人断言深山里已没有狼；另一方面也有很多人认为，远离山麓的平原村庄，狼早已绝迹。但上述看法未必符合事实。山地未必就一定是狼的栖息之处，很多山地自古以来就没有野兽出没；而有关狼往来于居民区附近的消息，近世以来反而越来越多。我觉得这些外部信息对我们了解狼的历史来说，都是极为重要的。我目前正在一个个村子里收集与此有关的记忆，试图通过比较的方法，来鉴别它们的可信程度。如果不能研判并探明这些记忆的真伪，我认为就没有资格讨论狼绝迹与否的问题。不过，为了叙述的方便，我得暂且搁置这个大题目，尽可能缩小讨论的范围，以昭和元年①为界，探索一下昭和以来日本究竟还有没有狼的问题。并顺便明确一下吉野、熊野②以及其他地方，有关狼最后一次出现的报告大约发生在何时的问题。

---

① 1926 年。
② 今三重县南部与和歌山县南部一带。

三

　　每年猎获的鸟兽的种类与数目，都会记载于各个府县的警察统计书里，现在仍是一切照旧。从前官署文件所记载的虽非全部，但各地都会上报具体数目。浏览一下这些文件，并不需要花费很多时间，却可能得到一些线索。昭和初年大阪《朝日新闻·三重版》转载了宇治山田市警察署的调查报告。我记得其中有"狼一只"的记载，可不幸搞丢了那张剪报，故无法确认具体的年月日了。本来对此就持怀疑态度的人，也许要发出"那果真是狼吗"的疑问。《山林》七二号记载了大日本山林会的座谈会。会上，佐藤林学博士详细叙述了发生于宫川上游一个山中小屋附近的一件事情。佐藤说某日深夜，精神抖擞的壮汉们结队进山追逐狼群，夺回了被狼抢走的鹿。他亲自置酒犒劳壮士，倾听他们讲述见闻，而且还品尝了鹿肉。佐藤博士的叙述有声有色，给人以如临其境之感。这是明治二十七年、二十八年之事，如果推测那些狼留下了后代，我丝毫也不会感到意外。因此，吉野的研究家们若从这里着手，去管辖金峰、大台原一带的警察署，翻阅一下大正①以来的有关记载，也许会意外地坐收事半功倍之效，走上解决问题的坦途。

下面这件事也保存在我的记忆里。昭和四年二月，有人在能登鹿岛郡余喜村的山里，捉到了一只似狼的野兽。有关记事刊登在十二月二十日的大阪《朝日新闻》上。这件事是时任石川县狩猎官的矢野农学士亲眼见到的。他不久前转任去了栃木县，现在仍住在宇都宫。如果去拜访他一下，想来一定会有所收获。矢野在谈话中说，不知什么缘故，那野兽的毛色类似茶色，因此也有可能是一只归山返野之狗。但它由猎手在山中猎获，则是完全可以肯定的。富山县在同一时期也捉到过与此相类的野兽，如果去那儿打听，或许会有更多的收获。

四

狼与狗的差异，至少在我国并不是泾渭分明、一目了然的。从名称上看，东北地区一般用"oino"（御犬），或"oino·oin"等称呼狼，没有读过书的人，不使用汉语的"狼"字，也不知道"ookami"这个词。关东地区、关西地区话里有"山犬"这个词，有人把这个词解

_____

① 始于 1912 年。

释为"狼";也有人认为那不是狼,而是中国人所说的"豺";也有人说,"山犬"指的是进山后不再返回的普通的狗;还有人说"yama-inu"①就是"病犬""狂犬"的意思。地方不同,说法各异,所以我们闻其名后,还得再辨其实。但从这些称谓中不难发现,从前有很多人,并没把狗与狼看作毫不相干的两种动物。所以,出现在《椿说弓张月》②的忠犬,被描写得像野风一样迅猛,未必皆出自空想。猎手们渴望猛犬,从山里捉来狼崽饲养之事,谷奥那儿将母狗拴住,勾引狼来交配留种之事,能同时流传在音信隔绝的许多村庄里,就说明其事必有真实的一面,而不是向壁虚构。这就是说,即便山中的狼真的绝迹了,其血脉也很可能仍在狗的身上延续;如果碰到某种契机,这些具有狼性的狗完全可能脱离主人,遁入野山。也许有人会说,从骨骼等形态差异上看,狼与狗有明显区别,根本不可能混同。但我以为形态差异说并不具备充分的说服力,因为它并非建立在对大量的狼与日本犬反复比较的基础之上。

这与猫与山猫的关系有些类似。在东京这样建筑密集的城市,野猫也许比家猫还多,但野猫的生活习惯与家猫基本相同,与家猫的交

---

① 山犬的日语读音。
② 传奇故事集,泷泽马琴的代表作之一,刊行于 1807—1811 年,共五篇。

往也没什么异样，不同的只是不像家猫那样亲近人而已。我在隐岐的岛上听说，有的家猫进了山成了山猫，虽然皮毛还是原样，但完全生活在另外的社会里了。而且它们还像国地的狐狸那样可怕，能够威胁并欺骗过路行人。它们发情求偶时因为不存在任何障碍，可以随心所欲，所以繁殖很快。狗对人的依赖性虽然要比猫大得多，但在归山返野方面，却享有更大的自由。在征收养狗税之前，乡下狗大半是村狗，并没有固定的饲主，也没有人去干涉它们的私生活，所以它们可以跑到很远的村庄去玩耍，留下了许多不明来历的私生子。它们吃熟食的习惯，与只吃生食的野兽有所区别，但敢吃生肉的狗实在不少。如果它们出生后没有与人亲密相处的机会，谁也不敢保证它们就一定不会成为山狗。可以说它们同我们院子一隅的栗树、椎树一样，一方面与人接触，一方面与山里的同类社会也有联系。狼当然不是这些狗的同类，但如果二者同住山里，它们之间会有何交往呢？这可是个难题，因为我们除了观察以外，并没有其他途径去了解此事。

五

如果假设我国的狼绝对不曾与日本犬发生过关系，并在此前提下来讨论狼绝迹与否的问题，那么，问题的性质将略有不同。日本有的地方把狼叫作"御犬"，有的地方把汉字的"狼"字训读为"ooka-mi"，狼与狗有哪些不同特征呢？这个问题看似简单，其实一直不是很清楚。如果以外国的动物学标准做唯一依据，用它来判定狼的存在与否，那么，明治、大正时代姑且不论，在很早的秦大津父①时代，这种动物也许并不存在吧。日本犬也因为几百年来受外国种的影响，渐渐失去了纯粹性，但现存的被称作日本犬的狗，在多大程度上还保留着原有状态呢？另一方面，日本的狼古时起就被说成性格温和，这在外国也是难以想象的。

　　我以为唯有日本，可以把狗与狼看作比较近似的动物。以前所认定的两者的区别主要有二：一是看它们是否过着集体生活。与狼总是群居相反，狗总是独往独来。二是看它们是否袭击人类。狗除非得了狂犬病，即便无主，也不主动袭击人，而狼却是生性凶恶，是天生的恐怖分子。由以上两点而认为二者根本无缘，理由似已充分。但我还是略有异议：第一，狗之独往独来，未必就是天性。其独居出现于被人饲养以后，由打猎法改良与食物来源减少所致，所以其习性变化的原因主要来自外部。英国农村用群犬猎狐之事，人所共知，已无举例之必要；在日本的犬山，打猎时也是出动群犬以

---

　　① 秦大津父相传为6世纪时人，曾任日本财务官。

代替弓箭枪弹，此法一直延续到近代。此外，倘若饲料丰富，萨哈林一带的橇犬，哪怕是乌合之众，也总是集群而动，头狗的统驭能力比人更强。因此，狗之独往独来，很可能并非出于天性，而是人干涉其天性的结果。第二，袭咬人类亦未必就是狼固有的生存之道。虽然中国人将虎狼并列为凶猛之兽，但日本人却把狼称作大嘴真神，与之签有和平条约，与其和平共处，其余波一直延续至现代。根据记录，日本的狼直到近世，才开始进村犯境，袭咬人类，由此改写了狼的历史。狼之袭咬人类或许久已有之，只是记录缺失而已。有人做此设想亦合情理，可实际情况是，一方面未见古时狼施暴于人之记录，另一方面狼与人和平共处之传说却广为流传。有的说狼啃骨头卡住了咽喉，常请过路人帮它取出；有的说狼会护送赶夜路的人，一直送至家门。这些传说或许并非事实，但很多地方的人都宁信其实，不以为虚。我还听说，不久之前曾流行过下面的习俗：狼产崽以后，人们会带着特制的食物去山里探视慰问。有个老妇人，甚至自称参加过这样的活动。可见虽属罕见，但却实有其事。也许此类亲善举动并不为狼理解和接受，属于人类一厢情愿的盲信，但如果狼常常袭咬人类，这样的故事就不可能广为传播了。这些史料至少已经告诉我们：前人对狼的态度，与今人是不一样的。这也正是他们把狼称作"山犬"或"御犬"的根本原因。

六

对于把山犬与狼当作两种野兽的说法，我们也不能不予以注意。地区不同、人群不同，说法自然会有些差别。狼有以三五十只为一群活动的，也有独来独往、活动半径仅限于一定范围之内的独行侠。人们一般会认为后者与犬相近，但是最能显示狼的灵性、让人敬畏并且被认为能庇护人的，反而是后者。信州、甲州及其他一些山村，有个故事被信以为真而广为流传。故事说有个人途遇一只狼，该狼频频衔其袖口，意欲引路。此人虽然惊恐，却也只好跟着狼走。他们刚隐蔽在树丛的暗处，就听见杂沓的脚步声传来，一群路过的狼狂奔而至，呼啸而过。此人方才明白这只狼是自己的救命恩人，让自己躲过一劫，于是对狼的感激之情油然而生。但即便在这个场合，那群狼仍被称作"山犬"，可见有很多人并不把狼与山犬视为两种野兽。有好事者从秩父的三峰山、远州奥山的山住社那里借来御犬，一般只借一只，偶尔也有借两只的。有的说御犬走过去后才传来脚步声，有的说听见了御犬渡河时激起的水浪声，有的说从榊树的落叶之间能看见其眼睛闪着幽光。这些当然都是幻觉，但信者都认定狼就是这个样子。也就是说，他们并不把单只出现的御犬与成群出现的狼加以区别。最近一百年间各地发生的狼害，凡留下较为详细记录的，无一例外皆是孤狼所为。虽然出现在默阿密的净琉璃①剧本《鹈饲篝火》《壶坂》里的皆为群狼，但在实际生活中，群狼已经和我们久违了。而到了连一只狼的标本都很难找到的今天，要找到二者来具体比较，自然只是个奢望；但我对仅仅根据以上这些事实，就认定世上并存着习性不同的狼与山犬之观点，到底是不能赞同的。狼群也一定是出于某种原因，才像狗那样开始解体与分散的。这正是导致其数量减少，甚至被认为已经绝迹的原因。

七

兰山先生②的《本草启蒙》③（以下简称《启蒙》）说狼脚上有蹼，故擅长游水；豺脚无蹼，则不会游水。这是经过实验所得的结论吗？我颇有点儿怀疑。如果所云为日本的狼、豺，估计只是从常捕动物的老猎手那儿听来的，似乎不足为凭。最近我从熊野出身的系

---

① 日本一种传统的说唱曲艺。
② 小野兰山(1729—1803)，江户中期本草学家。
③ 全名《本草纲目启蒙》，本草学研究著作，48 卷，1803 年刊行。

川恭平那儿，第一次听说纪州太地灰买船①上的狗脚上有蹼。远离大海的吉野山村里，是否也分布着这种狗呢？也许这种狗本来出生在那里，机缘巧合去了熊野也未可知，但愿能有什么机会证明此事。我在鹭家口座谈会上讲了系川恭平的故事，希望能引起听众的注意。因那事非常稀奇，我把它如实记了下来，希望能够保存下去。话说熊野的水手们把善游之犬作为宝贝精心饲养，而那些在临海之山打猎的猎手，觉得善游之犬必有助于猎事，于是从太地引入这种狗加以饲养。系川年少时在英国留学，某日与同窗聊到猎犬的话题时，说自己家乡有脚上长蹼之犬。对方大笑，竟无一人相信。系川受此嘲弄，憋屈难耐，就千方百计通过邮船的事务长，把一只长蹼的狗崽从熊野运至伦敦。遗憾的是，这只狗崽不久即死去，死时因为太小，脚爪趾间的皮膜才长到一半，所以尚不足以证明此事。这件真事距今还不到三十年，现在我们如果花些气力仔细寻找的话，也许能发现这种狗的血统尚在延续。我在会上对吉野诸君提出希望后，出席者中似乎有人已听说过此事，当即表示响应我的呼吁。我觉得我们当然不能放弃直接寻找狼存在与否的证据，但与此同时，也应在寻找这种有蹼之犬方面做出努力，而寻找后者应该相

---

① 江户时期运送草木灰的船。

对容易一些。倘能找到后者，那在日本的狼与狗这二者之间，就能增加一个相同之处。

我还想补充的是，狼与狗的牙齿特征也很有比较价值。兰山先生的《启蒙》称，狼齿整齐地列成两排，而犬齿并不整齐。日本犬中有没有牙齿整齐的呢？饲主当然不会留意此事。假设熊野太地犬里有那么一两只牙齿齐整之辈，那么，虽然看似迂回绕远，但亦是稍稍近狼之举，或可略微增加我们对狼的认知。再加上上文所说的划水之事，所以我对寻狼之事并没有放弃希望。古书根据传闻之记载虽难免不确，但纯属空穴来风的，毕竟少之又少，所以不应该全盘否定。仅根据一两个实例，就置换全部事实的做法，风险是很大的。迄今为止，因为对我国的狼并不曾做过像样的实验，所以哪怕发现一丁点儿迹象，也值得我们高度重视。前面曾对石川县那只狼的毛色存疑，可日本是否一直未出现过这种毛色的狼呢？恐怕谁也不敢断言。《启蒙》说山犬即豺的全身是茶褐色带点微红，只有尾巴呈灰色杂有白毛。因为是黄褐色，并杂有虎斑，所以《启蒙》又说它并非一色。想来大抵为夜晚所见，看不真切，所以白狼、黑狼，甚至斑斓色的狼，在古记里皆偶有出现。因为它们的特征都与外国的狼标本有异，所以也有人认为它们并不是狼。可不是狼它又是什么呢？实际上，我们想知道的是我国有没有这样的野兽，并不是寻找外国的狼。人们都认为那个最初把"ookami"写作"狼"的京都人，应该不曾见过狼。即使中日语言差异很大，这也只是翻译之误。日本的御犬或者"ookami"，当然不必承担这个责任。

八

总而言之，我觉得在日本的什么山里，仍可能潜藏着这个被日语称作"ookami"的野兽的行踪；家犬身上也留存着它们的遗传因子，虽然只是很少的一点。还有，机缘之下，村犬也有可能归山返野，与狼混杂一处，而不能仅仅只把野犬算在其中。野犬不管来自何方，还像原来那样，与其同类有着交流，这种交流在发情期就更加热烈。与之相反，山里的其他猛兽所生活的社会则完全不同，因而所形成的习性也完全不同，只要不出现特殊情况，不会互相混杂一处。现在人们对日本有无纯种的狼虽有疑问，但我认为还是有的。不过一是数量已急剧减少，二是已经不再成群结队，此二点毋庸置疑。此外，更重要的变化还表现在，近世以来，狼袭击人的凶残行为显著增加。我以为这三个现象互相关联，体现的即是日本狼的历史。日本的普通民众一直与狼延续着和睦关系。狼被视为神的使者而受到欢迎，人们为它们提供食物，请它们守护田园，并处处谨慎，不做可能引起它们愤怒之事。说人们这是愚蠢的善意，似乎也并无不可。但如果这些狼像近世这样，频繁袭击人、畜，凶残暴虐，贪得无厌，那么至少受害的家庭及其朋友，不可能仍把它们奉作真神加以尊崇。因此，不是古时的记录没有传达狼之恶行，而是古时并没有像近世这样无端作恶之狼。有关尾行狼的传说分布于全国各地，各地的解释不一，饶有趣味，可分成三种情况：一是狼保护人，为了夜行人的安全而尾随其后护送。二是狼伺机吃人，人一旦跌倒，狼就会从后面扑上袭咬。行人只要不跌跤就相安无事，途中休息、抽烟等一概无碍。也有人说跌倒时，嘴里发出"dokkisho"的声音，装出坐下之状，也可蒙混过关。不过到家后要大声对狼说声"辛苦了"，然后才能关门闭户，简直像在开展伪善外交。三是狼先设法让人跌倒，再袭咬吃人。狼招数很多，比如用脚缠人，从人头上越过等，人对这些损招不可不防。这时得把身上的带子抽下来，系在一起，越长越好，狼就近不得身了。用这个办法而狼口脱险的故事，流传至今的仍有不少。古人信仰中包含着人与狼的契约，现在留下来的，应该就是这些了。至于现在狼留给人的逢人必咬的恐怖印象，自然是人们一次次受到伤害后积累而来的；但也要看到，这也是汉语"狼"这个词以及与这个词一起引进的对狼的憎恶，与教育联手渗透至民间的结果。

九

但是，我并不认为人们累积形成的对狼的憎恶，是导致其濒临灭绝的原因。众所周知，人们很久以来就一直抱着见狼就打的态度。近年来捕狼的武器更精良了，但捕狼的人员却在减少。其实即便无人捕杀，狼也在走向消亡，其原因发生在它们内部。狼开始肆无忌惮地攻击人、畜，实际上具有灭亡前的孤注一掷的性质。下面我将要叙述的实际情形，也许吉野诸君会觉得难以置信。人类不断地开垦荒山，造成了山地面积的缩小，狼的食物也随之减少。然而狼却没有适应新形势，数量仍在增加，这反而促成了狼群的解体。也许其他动物也是如此，狼无意识地结群的目的只有两个：获得食物与选择配偶。但在一年之中，后者只是短时间的需求，前者则是每天必需的。伴随着食物数量的匮乏，大群行动渐渐不便，弊端日益突出。这至少使狼不再感到有群居的必要。这就是独狼增多的最初原因。开朗乐观地生活在乡村里的人们说，肉食生活的普及与对死家畜处置法的改变，明显减少了狼的食物来源。但我认为，食物不足并没有即刻把狼置于饿死以及互相为食的境地。家畜的增殖，意味着狼的身边多了跑不掉的食物，这反而消解了它们集群行动的必要性。而随着人们防御能力的提高，狼以家畜饱腹的生活渐渐难以为继，争抢食物激化了狼与狼之间的矛盾，加速了它们离群独处的进程，最终促成了狼群的解体。

有老人说，在明治维新前后，地方上的刑场乱杂至极，深夜路过近旁时，必有狼嗥传入耳际。那些地方，曾经是战场，也曾经经历过饥馑等大灾难，死者相叠，尸骨纵横，因而被狼反复光顾，掘尸吃肉。当然这些惨不忍睹的景象，早成为难以置信的往事了。从前寻常百姓的墓地非常简单，大多不能防止狼的劫掠。后来殡葬方法得到改良，随着深葬方式以及用石块保护墓地措施的普及，尸骸所遭受的狼害减少了。但诡异的是，狼不能荼毒死人，即转身面向活人，其凶袭的频度、烈度，都是前所未有的。有关它们逞凶袭人的记录，流传至今的，皆为近世一百五六十年来所发生的惨案，而且都是独狼所为。也就是说，随着人的生活习惯的改良，狼的习性也因此发生了变化。时过境迁，已没有大批猎物需要狼群合围聚歼，狼依靠群体合围猎物的传统战法完全落伍，单个的巧袭猎物才更有效，才能维持寂寞的生存。时势比传统更有力量，于是狼脱胎换骨，完全蜕变为害兽了。

在这种环境中，纵使有什么天然纪念物保存法，也无法在山野中将狼保护下来。狼凶残袭人，乃生活所迫，其实也很可怜。它被人视为死敌，除了那些被关进笼里豢养的，其余皆被人欲除之而后快。不过我要说的是，狼之数量的骤减，主要并不是来自人类的围剿，而是由于其繁殖的停止。狼群解体以后，独狼各自觅食，果腹相对容易起来，而且也用不着大吼大叫，人们找到它们殊非易事。可这些独狼至交配期时，却难觅配偶，所以母狼无法受孕的现象十分普遍。于是，随着独狼的一个个老死，其血脉也就随之断绝。除了鼠类这个异数，同样的现象也普遍发生在其他兽类身上，尽管它们并没有受到人类的干扰。而对于像狼这样长期以来依靠群居生活维持繁殖的野兽来说，群体的解体之影响，更是致命性的。人类因为具有谋求幸福的智能，即便原有的群体遭到破坏，还有能力去修补，或者重新组织新的群体。尽管如此，近代史上也曾有两三个民族，在其发展初期，由于自身的离散，而最终遭到了灭种之灾。人尚如此，遑论智力远不及人的狼。而且狼只是在发情期有求偶的需要，追求的也只是自身谋生图存的急功近利，并没有为子孙后代着想的深谋远虑。所以它们自发地离开群体，甘愿成为一只只独狼，其结果就是在寂寞中孤独地衰老而死。纵然它们是吃人的猛兽，可这样的结局，难道不值得怜悯吗？

然而，对于这种自然的趋势，我们并没有阻止其恶化下去的有效手段。即便我们站在狼的立场，为狼设计未来，也未必会奏效：一是它们不会采纳，二是即便采纳也于事无补。我只是觉得狼社会的变迁，对我们多少有些参考作用，会带给我们某些有益的启示。可让我无比遗憾的是，我们目前对狼的实情，知道得实在太少，而且我还担心这种对狼的无知会永远持续下去。我觉得以奥吉野为中心的广漠山地，储藏着许多不为我们所知的真实。我衷心希望活跃在那儿的经验丰富的猎人们，一起来关注这个山中灵兽的行踪问题。这个问题存在已久，可直到现在仍没什么进展。我们面临的问题无非两个：一是狼倘若尚存，则应该分析其尚存的理由。二是若已绝迹，则必须究明其绝迹的原因。诸君若能立下攻克难题的决心，则幸甚至哉。大家所报告的每一点发现，都是社会的福音，都有为这一研究打开新局面的重要意义。它不仅关系到狼，而且关系到整个动物世界。

（昭和八年十一月）

附　记

　　《满济准后日记》①几次提到足利时期②京都有只狼咬死少年之事。我曾说狼害限于18世纪以后，看来话说过头了，这是我必须承认的。但如果这些狼害仍是由于那些地方狼群解体较早的缘故，那么我也就没有必要对我的意见加以纠正了。另外，明治维新前后，刑场成为狼的餐厅这样的惨事，信州《北佐久郡口碑传说集》③里有详细记载，可以参看。

---

　　①　作者为室町时代前期醍醐寺座主的名僧满济，因被授予准三后之名号，故以满济准后称之。其日记共38册，约成书于15世纪上半叶。

　　②　1338—1573年。

　　③　信浓教育会北佐久郡部会编，《信浓每日新闻》1934年出版。

狼史杂谈

首先谈三个问题。第一，狼是否有自己的历史？回答这个问题，要看它们的生活自古至今是否发生过变化。答案显然是肯定的，因为狼的生活确确实实发生了变化。人类饲养的狗、鸡及其他家畜，不断被改良，所以谁都知道它们是有变迁历史的动物。但仍有很多人认为，野生动物自古以来生活形态持续不变、始终如一。我相信现在已有人意识到这是个错误认识了。燕子习惯于在人家的梁上筑巢；然而，是有了家宅后，才有燕子这种鸟吗？或者说当家宅都像东京那样装上玻璃门后，燕子这种鸟就绝种了吗？答案不言而喻。鱼类或者更小的虫类的变化，也大致如此，不过它们的变化并非由人设计，所以人们对其漠不关心，未能有所觉察。一般说来，动物的生活方式是不可能始终同一、不发生变化的，也就是说，它们都有着自己变迁的历史。狼当然不会例外，也留下了自己变迁的足迹。最明显的是，它们在日本已经绝迹，或者说，已经被认为绝迹了。也就是说它们已经遭到了"亡国之灾"。这不是它们的历史又是什么？

第二，对狼变迁的历史，是否有调查的必要？对这个问题，自然是众说纷纭。在认为有调查必要的回答中，可分为以下三类：第一类只是想了解与狼有关的奇闻趣事。持这种意见的人很多，可我实在不以为然。第二类则满腔热情地站在了研究狼的最前线。日本犬保存会的诸君提出，必须调查清楚日本犬身上是否混杂着狼的血缘。同时很可能也存在着归顺人类而家畜化的狼，所以究明狼的历史很有必要。第三类则是我这样的人，不但自己在全力以赴，而且寄希望于未来，盼望出现研究狼问题的新人。狼的衰亡在我国出现得十分突然，几乎就发生在一代人的眼前，颇不可思议。如果起作用的仍是那潜在的强大的自然法则，那么狼的迅速衰亡，就是其最新、最有力的例证。从常理推测，这主要是因为狼群的解体造成了配偶难觅，配偶难觅则导致了生殖率的骤减。这应该不仅仅体现在狼这种动物身上，而且适用于所有生物，类似的因果链条一直在起作用。人类虽然具有重新构建遭到损坏的群体组织、重新走向繁荣的能力，但也不过是五十步笑百步而已。智能稍劣的种族，有的已经灭亡，有的正在走向灭亡。即便在发展成熟的国家，情况也十分复杂，由于婚姻出现的问题，许多家庭血脉的延续，已变得十分困难。可见这绝不只是犬与狼的问题，而是对人类有极其重要的参考价值的"治乱兴亡之迹"，我们绝不可等闲视之。

第三，既然知道狼有着变迁的历史，既然已经把探明狼的历史作为目标，那么，实现这个目标的前景如何呢？传承迄今为止的研究成果，自然是史学界的第一要务；但史学界有个恶癖，哪怕再重要的事情，只要碰到难以克服的障碍，就轻轻放过不去追究了。这是我所不能容忍的，对那些必须探索的问题，我们应该想尽一切办法，疑字当头，努力去寻找答案。有没有办法，能不能取得进展，取决于我们求知欲望的强度，取决于我们探索狼之历史的决心强度。比如，对于各个村庄里距今一百年前的农民的生活状态，既没有活着的经历者，也几乎没有留下有关书籍；可如果完全不知道那时的状况，就很难为这些地方的自治去谋划未来。所以，我们哪怕千辛万苦，也不能不千方百计地去搜寻以前的资料，争取有所发现。首先尽可能利用存世的所有文字资料，如果从这些资料中不能发现可资参考的内容，那么下一步就得殚精竭虑地去搜寻文字以外的其他证迹。同样，我们研究狼的历史时，也必须采取这样坚决的态度。与在孤岛冰原上孤独生存的某些未开化的不幸之人的历史相比，有关日本狼的衰亡史，留下的记录还是相当丰富的。也许会有人说：了解这些又有什么用呢？是的，有人要这样说，那是他的自由，我也无可奈何。但明明知道有了解的必要，只是因为无从下手、无由得知而放弃寻找，目前还为时过早。现在我们已经迎来了一个新时代，有关狼的新史料，正迈着轻快的步伐向我们走来。我对诸君旺盛的好奇心，不能不充满莫大的期待。下面我拟把自己收集到的一点可怜的资料整理出来，希望让这些现有的分散零碎的东西，尽快发挥作用。它们虽然很少，而且大多为我的假设，但大体上应该是靠得住的。我热烈期待今后的发现能不断地对这些假设加以修正或者确认；倘若某些内容的正确性得到证明，则深感荣幸。

二

有关狼的记录，全都来自外部，或者说由以狼为邻的人所为。即便不是根据传闻，大部分也是远距离的观察，难免既有讹误，又有夸张。所以，是否反映了真相，其实是很难确定的。由于它们比一般的传闻更加间接，一个个的记载自然不太可信。所幸的是，在这些个别的记载里，存在完全一致的内容，这就在一定程度上增加了可信度。最初进入人们视野的，一般是近代人留下的与狼遭遇的记事。这些记事可分两类：一类是单纯的逃跑记，当事人不幸遇到了狼，惊恐万分地仓皇逃窜。此种场合，一般没有其他人在场，只是由当事人根据模糊的记忆而追记下来。另一类是斗狼记，当事人与狼相斗，最后战而胜之。这类记事本身难以轻信，但反而便于我们从中寻找确凿的证据。虽然很久以来口耳相传的民间传说，现在还不绝如缕，但今天世人所知的，多为官衙公署参与后留传下来的，它们都是经过验证的事实，作为文字记录，它们是最值得信赖的。

在我所收集的几个实例中，当数信州内山村的龟松事件最有价值。当时的随笔作家争相报道了此事，有个原始文书现在还能见到，比照一下，几乎没有与事实不符的。《未刊随笔百种》①第十六卷刊载的《真佐喜的桂木柄》一文里，引录了由地方官大贯治右卫门奉命勘定的报告原文。报告说一个普普通通的 11 岁少年用镰刀砍杀了狼，救出了父亲。事件发生的时间是天明八年②九月二十五日

---

① 随笔同好，三田村鸢鱼（1870—1952）校订，米山堂 1929 年出版。
② 1788 年。

黄昏时分，地点是信州东边国境、南佐久郡内山村的破风山麓的一个小屋。这个小屋距居民点约330米，是为驱赶野猪而建的。但遗憾的是，记事里完全没有对这只狼的具体记述，只是详细描写了事情的经过。当时有个名叫龟松的少年在屋外割草，他父亲惣右卫门在屋内烧火做饭。一只狼突然从后方袭来，惣右卫门有所察觉，刚一回头，那狼张口就咬他的嘴唇与下巴，他赶紧揪住狼耳并大声喊叫。龟松闻声赶来，手持镰刀狠狠戳进狼的口中，可狼却一口咬断了镰刀的桂木柄。紧急关头，龟松又拿过父亲的镰刀，再次戳入狼口，转动着镰刀，使狼向后倒下。父子二人随即按住了狼，可父亲因为手上多处受伤用不上力。龟松一人急忙往狼的嘴里塞石块，又用断掉的镰刀柄打掉了狼牙。可狼还在用脚爪拼命挣扎，龟松又用大拇指伸进狼眼，把狼的两只眼珠全抠了出来。就这样经过殊死搏斗，终于把狼杀死了。少年刚刚11岁，个子比同龄人矮小，外表看上去也显得瘦弱。虽说因为救父心切，力量陡增，但这条被杀的狼显然也并不强壮。也许会有人因此疑心此兽或是狂犬，但信州那里直到明治以后，还有很多人都遇见过狼，是不可能把犬误作狼的。有记录表明，地方官大贯在事件发生的第四天巡视了该地，召见了当事人。所以，我们可以认定实有其事。

三

《一话一言》(全集本)①卷七，在上述地方官的报告书之后，附有惣右卫门的伤处、惣右卫门的家人，以及狼的尺寸三个条目。为何要把这三条列在别处呢？盖因地方官那份报告书的目的，是在表彰幼小童子的孝心之余，突出其罕见勇力的奇特，而附录的内容对突出主题来说不太合适。狼的尺寸看上去似很精确，其实甚为草率。如果是公家所作，理应一并写明狼的毛色、形状以及其他特征，可是附录对此付之阙如。而且尺寸也有问题，"从头到尾三尺六寸八分"的长度，似乎过长，如果把尾巴全长计算在内，则又太短；而"二尺三寸八分"的腰围，又嫌太粗，简直像猪的身材了。这一时期的江湖闲人，常以信口开河、自说自话而自得其乐，所以对此数据还是不要轻信为好。五弓②所编的《事实文编》③卷六十，刊有赖春水④所写的汉文《童子龟松捕狼记》。文章大体

---

① 大田南亩的随笔集，56 卷，1822 年成书。
② 五弓久文(1823—1886)，江户后期至明治时期的著名学者。
③ 国书刊行会，1910—1911 年刊行。
④ 赖春水(1746—1816)，江户中后期的著名学者、诗人。

以大贯的报告书为依据，但有两点与原文有异：一是被狼袭咬的父亲一边紧抓狼耳，一边大声叫道：孩子快逃！而龟松不但不逃，反而冲进小屋与狼搏斗。二是孩子并非用石头塞进狼嘴，而是用镰刀柄猛打狼的屁股，并塞进其肛门里。后者无关什么大义，且不去管它，至于前者，我以为并非偶然的误闻所致。这样一改动，能够把父子之情表现得更加强烈，给人以悲壮感，但同时也突出了理智的作用；而在那个紧迫关头，人一般只能做出本能的反应。究其根本，因有人添油加醋地传播，故汉文作者特意做了改动。而这种程度的改动，在以前是很普遍的。所以即便是写在书籍里的，我们也不可轻易相信，需要我们去伪存真，下一番辨别的功夫。

四

《事实文编》收集网罗了许多近代地方上发生之事，颇有价值。比如，轰动一时的二女杀狼的相关记事，就刊载于该书次编的卷十六。该事发生于戊申年的嘉永元年①，距龟松事件正好一

———————

① 1848 年。

甲子。地点是地京原村，也属于信州。地京原村是松代藩的领地，现在地名已改作上水内郡日里村大字。该村修验者大善院的家里，有个名为 Hino 的十七岁养女。五月十九日清晨，Hino 在离村约 200 米处的欠下冈背阴处割草，从村庄方向跑来了一只很大的狼。她起先以为是一只陌生的狗，因为那狼的毛色在狗身上也常能见到。直到看清那副恐怖狰狞的嘴脸，才意识到自己遭遇狼了。杀狼经过复杂曲折，所幸有两篇记事被同时刊载，而且二文都极尽其详，所以可以通过比照，确认其内容。一篇的作者名叫堤正胜，另一篇出自该藩的杰出学者桐山樵者[1]的笔下。下面我综合二文转述这个故事。话说 Hino 突遇恶狼，虽然惊骇，却并不慌乱。她曾听说遇狼绝不可逃，逃则必被狼咬。于是手持镰刀，与狼怒目相向。狼步步逼近，从距离六尺处腾空跳起，猛扑过来。Hino 挥舞着镰刀，挺身迎战。说时迟那时快，鬼使神差似的，她竟然用两手揪住了狼的两耳，把狼摁在地下，并顺势骑在了狼的身上。她想用镰刀砍狼，可抓着镰刀的右手，同时还揪着狼耳，于是就松了右手试图挥刀。可她刚放开狼的右耳，狼即趁机一跃而起，咬住了她的头发。这时 Hino 的头发全散

---

[1] 名为镰原桐山（1774—1852），江户后期的学者。

了，遮在她的脸上。Hino 全然不顾，扔下镰刀，重新紧紧揪住狼的双耳，并从左边把狼摔倒在地，再从上往下紧紧摁住。狼盛怒之下，张牙舞爪，Hino 因此多处负伤。她一边拼命搏斗，一边拼命叫喊。恰巧她的堂姐 Sima 路过附近，听到了喊声。Sima，37岁，是村民辰吉的老婆。她飞快赶来，在地上找到了镰刀。欲砍狼时，因 Hino 的臀部碍事，一时下不得刀。但总算瞅准机会，在狼的腰上狠砍了三刀；欲砍狼嘴，没能砍到，只砍断了狼的一颗牙；欲砍狼眼，亦未砍准，砍在了狼眼下面的颧骨上。尽管如此，狼还是受了重创，体力不支了。此时 Sima 让 Hino 松手，先逃走喊人，她自己留下继续砍杀不止。当村里的大队人马赶到时，狼已经咽了气。在这场人狼大战中，我尤感兴趣的，是奋不顾身殊死搏斗的女人之力；而 17 岁的漂亮姑娘 Hino 揪住狼耳死不放手的勇气，也令我钦佩不已。这只狼的体形巨大，根据桐山樵者的记载，它从头到尾梢，长近六尺①，重约 41 千克。其巨大程度，实属罕见。

———————

① 日本的一尺长 30.3030 厘米。

五

　　《事实文编》次编卷十二还刊载了田头村女子杀狼的记事。不过这个田头村隶属何地，我还没有调查清楚。文章的作者署名营耻庵①，若能读到其人传记，也就能知晓田头村位于何处了。时间在辛亥年四月，若不是发生在地京原之事三年后的嘉永四年②，就是发生在内山村之事的三年后的宽正三年③。记事说田头村一个农民的 14 岁女孩儿，某日与母亲在山里砍柴，突然来了一只狼。她母亲因惊骇过度而跌倒在地，狼冲过来骑在了其母身上。她情急之下，拔出一根地桩，用尽全力猛击狼背，一棍就把狼打得跌进了山沟。她随即护送母亲回到村里，跟村民们讲了此事。村民们立即提着梭镖去山沟里找狼，但怎么也未能找到。没办法，他们只好回村。可就在回村路上，听见灌木丛里沙沙作响。上前仔细一看，只见一只折了脊梁骨的狼，像蛇一样在地上爬行欲逃。村民们不敢怠慢，当即用梭镖把狼扎死。但记事还是未提及狼的毛色、形状，只

---

①　营耻庵（1768—1800），江户后期的学者、诗人。
②　1851 年。
③　1791 年。

是表明那是狼而不是狗。

　　然而此事的真实性似乎有点可疑。正像当时人所惊疑的那样，一个仅仅 14 岁的小姑娘，一棍竟能置狼于死地，自然有点难以相信。对于此事的真伪，容后再做辨析，此处暂且不谈。我由此感到尽可能多地收集此类记录的必要性。东北地区人烟稀少、山野辽阔，我觉得这类故事一定很多，但我迄今为止，只在那里收集到两例。小野寺凤谷①所写的《仙藩复仇传》②的附录里，记载了夫妻杀狼之事。阿珍是磐井郡平泉村村民弥治右卫门之妻，某日与丈夫在田里干活。突然有只狼来袭，咬住了丈夫。阿珍一边大叫，一边用砍刀连砍狼三刀。然后把刀交给其夫，自己猛拽狼尾。就这样夫妻合力杀死了狼。这只恶狼，为害已久，伤害了许多人、畜。夫妻为民除了祸害，因而受到了藩主的赏赐。此事发生于明和六年③，差不多比信州龟松事件早 20 年。至于狼河原之事，我打算后面再说。那时奥州人对狼仍普遍怀有崇敬之心，所以有关孤狼加害于人或者被人所杀之事，更应该引起我们特别的注意。狼竟然来到平泉村近旁袭击村民，应该不是狼的常态。狼是否与狗一样，也会患上狂犬

---

① 小野寺凤谷(1810—1866)，江户后期学者。
② 传记，抄本，后收于《仙台丛书》第九卷，仙台丛书刊行会 1926 年出版。
③ 1769 年。

病之类的咬人之病呢？这类现象的出现，我想至少会有一些特殊原因吧。

六

下面打算聊聊善狼与恶狼的话题，或者说聊聊当地御犬与外地御犬的传说，并对它们做些考察与辨析。在此之前，还得叙述一下发生于东北地区的人狼搏斗的另一个例子。此例见于《南部丛书》卷九的《二郡见闻私记》，讲的是稗贯郡矢泽村大字矢泽寺馆的助左卫门的续弦，为儿报仇而屠狼之事。书前有写于天保六年①的《序》，明言所录主要为近年见闻。由此可见，此事较上述平泉村之事要晚了几十年。助左卫门一家单独住在寺馆古城址的山麓，那儿离北边的五大堂村落之间，隔着有狼出没的森林茂密的松山。某日清晨，附近的年轻人因割草来到山冈旁边，发现地上散落着染血的小孩衣物。再仔细一看，认出了衣物是助左卫门续弦的儿子的。这个孩子为家人所遣，昨天去了住在五大堂的叔父家。家里人叮嘱他，如果天晚了就住在叔父家。叔父也曾想留他住一晚，让他明天再回家。

---

① 1835 年。

可这个孩子想早点回家帮母亲做事，就悄悄地在当天傍晚朝家赶去。就在回家的路上，被狼吃了。他母亲听说了此事，飞快赶来，要进山找狼报仇。人们劝阻她说，这很可能是狼设下的圈套，不让她去。可她不顾一切地进了山，没走多远，就在一块儿没有草的空地上，发现了狼吃剩下的儿子的双脚，那景象真是惨不忍睹。她把儿子的双脚抱在怀里先回了趟家，黄昏时又带着儿子的双脚进了松山，藏身于那块儿空地的附近。不出所料，那狼当夜又来到那儿，欲吃白天剩下的东西。她飞身出来，手直接伸进了狼的嘴里，用近乎疯狂的搏斗，终于把狼杀死，为儿子报了仇。她的丈夫助左卫门请来村人，点着松明火把进山来寻时，发现她正拼尽全力拖着狼的尸体走下山来。这个豪勇的女人，意在炫耀她的胜利，出口恶气。

文章所记叙的事情经过，应该是很真实的。狼肯定也是真狼，不会有误。可遗憾的是，文章没有记载狼的大小、毛色、形状等。不过也不是毫无收获，我们从中可以窥见狼在天黑后再来事发地吃所剩食物的习性。以上这两个故事，明确记有地名人名，比较难得。在东北地区，应该有很多有关狼的文章书籍，可它们只是保存于原作者的家里，不为人所知。如果都能抄写出来公布于众，哪怕是简略的记载，综合起来，也很可能会让我们有许多具体的收获，带给我们意外的惊喜。

七

有关妇女、儿童与狼搏斗的事件，以武藏幡罗郡的百姓逸八后家的事件为代表，本文前节没有写到的还有三四个。我曾设想，各地都应该存在这类事件，可以找出来追加补充。可我现在感到，这个假设有点脱离实际了。在《日本犬》的读者里很少有人留意此点，固然是理由之一，但更重要的是，我没有考虑到此类事件大抵发生于近百年前，亲历其事的当事人早已辞世，对记忆的传承来说，间隔的时间太长了。所以从现存书籍中搜寻史料，就成了唯一的方法，正如迄今为止所做的那样。书面记录肯定比口头传闻精确，而且还易于被事件发生地的人们认可接受，不必再去添加什么说明。根据我已往的经验，此类记录肯定还存在不少，总有一天会公之于众。下面且利用等待它们的时间，变换一下叙述顺序，从其他方面继续我们的话题。

八

论述狼的史学，一般应先考虑好方法、论点，然后再列举史料加以证明。可实际上这一程序很难行得通，因为预先的假设不能成立的可能性很大。尽管如此，我还是准备利用这个机会，尝试着讨论一下。我最初的计划是，通过讲述人狼相斗的故事，让读者认同这个近代现象。追溯往事，我们不难发现，狩猎活动古已有之，它渗透于前人的生活之中，并普遍存在于广大区域；可在一个相当长的时期内，却似乎不曾发生人狼相斗之事。直到距今一百年左右，这类事件才突然发生于许多国家。这其中是否含有特别的意义？显然很耐人寻味。于是我很想对它们做一番探索。对于这类事件的真伪，人们一直存在相反意见。以前文章术很不普及，会写文章的人很少，所以不能及时记录实事的情况时有发生；或者虽曾有过笔录，却已经亡佚；或者因为当时传得沸沸扬扬，人所共知，反而忽视了笔录，因此留存的书面资料并不很多。根据现存个案的数量，包括各地所发现的大量事实在内，可以看到，进入江户时期①的后三分之一时期以后，奇闻逸事忽然大大增多，引人注目。这些材料在一定程度上为我说明观点，提供了方便。

---

① 1603—1868 年。

九

第一，这些新近发现的近世事例，第一次让我们了解到，作为个体，狼并没有我们想象得那么强大。妇女以及年龄尚小的少年，只要不顾一切地与狼搏斗，就完全能够战而胜之。这种现象，此前是不可想象的。《古屋之漏》①里有"虎狼"之词，对没有虎的日本来说，狼一直被当作最为恐怖的野兽。从它的大小以及属性上推测，说它匹敌于猛犬，不会有人感到意外。它的力量长期以来被人高估，自然有着各种原因。因为从没有人去测试其力量；直到进入近世，此点才引起了人们的注意。这不是人们减弱了对狼的信仰，而是时势使然，是它们的对手让它们露出了真面目。

第二，孤狼的出现也引人注目。这些与猛犬匹敌的强势野兽，总是成群结队的活动，只要袭击人一次，就使人谈狼色变，坐收威慑之效。而袭击妇女、儿童的，却是一只只孤狼，此点不容忽视。因为狼的习性原本是喜群居而非独处，读大陆各地有关狼害的记

---

① 民间传说故事，收于《日本昔话大成》。

事，以及考虑到最近流行的猎犬利用法，此事不言自明。群狼解体为孤狼，等于把自己的弱点暴露人前，从而失去了一直保有的一个长处。

正如秦大津父的故事①所反映的，日本狼单独行动的实例古已有之。不过，它们大多出现于表现兽之灵异的场合，人们实际遭遇到的多为群狼。进入近代以后，狼群逐渐解体。我在《远野物语》所载的笔记中记述了距今一百余年前岩手县发生的事情。有个在山中赶夜路的人，途遇大队狼群，但见狼群轰轰作响奔驰而来。他急忙爬到树顶，躲过了一劫。打那以后，该地就再没人见过狼群了。我以为这意味着狼群此后渐渐难以维系，被迫解体为一只只单打独斗的孤狼了。与此相同的解体，过去也发生在狐狸身上，而在野兽的社会里，狐狸的历史是最为悠久的。到了最近，连猴群也开始了解体进程。毫无疑问，野兽集团的解体，是物种绝灭的一个诱因；不过解体的过程十分漫长，必然会留下一些痕迹。

---

① 传说秦大津父在铃鹿山中曾见到两只狼浴血搏斗。

一〇

　　有人说狼分两类：一种是山犬，并认为应该将其称作"豺"。此说在民间流传很广，但并无实据。小野兰山根据实验而写的《本草纲目启蒙》，则称日本狼和豺并存，狼的爪趾间长有蹼。比照现在的动物学，此种分类能否成立呢？我对此持有极大的怀疑态度。虽然时至今日，已无可能将两种狼放在一起进行比较，但我们不妨追问一下：上述说法缘何而生呢？我觉得把许多有关传闻集中起来综合考察，或可一窥其因。豺作为三峰古峰原、远州的山住春野山，以及但马的妙见山的眷属神，司为人防盗、驱逐害兽之职，因而受到崇仰。另外，狼加害于人，袭击人、畜，不被视为豺的同类，而被当作凶残的野兽。虽说这种观念一部分来自中国书籍的影响，但很早就扎根于日本各地了。即使那些认为豺和狼同样可怕的人，也不曾把二者视作一类，这显然是由于对二者的习性有所观察，尽管其观察并不全面。有人说集群而动的是狼，单独行动的是山犬。也有人持相反的意见。无论其主张如何，我们都可以窥见人们分类的依据。二者生活方式的明显不同，显然与生存环境的变化有关。

　　有人认为山犬就是归山返野的家犬。在犬与狼被分为两类之后，偶然也有二者混血的现象发生，而且以前也有过驯养狼仔以作狩猎之用的风俗，所以不能说上述说法毫无根据。但是，考虑到其寿命的年限，考虑到物种的相继性，很难想象家犬会变成活跃于山野的新种，而仅仅在一代之内就变身为害人之兽，也绝无可能。所以又有人把山犬分为两类，说其中一类是咬人的病犬。病犬自然是要咬人的，但变身为新型的山中之兽，则是不可能的。

——

如果想了解野兽的生活轨迹，从其食物入手是一个简便之法。在人类历史中，关于人吃什么食物，如何去谋求那些食物的问题，自然至关重要。而对野兽来说，生活中最要紧的，唯有吃饭一事而已。狼是把弱小动物作为食物来源的，因为结群易于捕获弱小动物，所以狼就养成了成群结队的习性。随着人类饲养的家畜数量大量增加，狼也就拓展了猎食范围，把家畜也当作食物来源。另外，直到不久之前，吃牛马肉的人还很少，牛马死了，人们就把其尸体运到野外的废弃场扔掉，有的狗甚至也因此染上了吃牛马尸体的恶习。对这样现成的食物，狼当然不可能视而不见，见而不吃。现在埋葬死人，已经实行深葬法了。过去人死了，只是送进深山老林之中，近亲于一段时间内在一旁守丧而已。这种葬法，并没有防范狼群袭来吃尸的措施。古时出现过将狼视作灵兽的习俗，或者是真有过狼显灵之事，也未可知。到了近世，人们在坟堆上插满锋利的竹签，将其称作防狗竹、弹狼竹等，但防狼的效果似乎有限，有关狼毁墓盗食死人的话题络绎不绝。诡异的是，世上食物的增加，容易得到食物，反而成为狼群解体的一个诱因，因为狼失去了为谋求食物而互相合作的动力。所以说，狼群的解体，并非仅仅是人类的压迫所致。不过，人类社会的进步，人类文化的发展，也使得人类对狼的食物的日益短缺不再顾及。僧多粥少，就造成了狼与狼之间的争斗；它们对食物的争夺越演越烈，独占的欲望越来越强。在这种情况下，群体的维系已不可能，于是自然而然地从崩坏走向解体。不限于狼群，猴群的解体也如出一辙。虽然猴子的食物与狼完全不同，但随着食物短缺、觅食困难，使得离开群体的猴子数量不断增加。于是产生了交配繁殖的困难，最终造成了猴子减少甚至绝灭的恶果。谁能说这不是一个巨大的问题呢？

　　狼群之所以崩坏、解体，其背后似乎也应该有头狼威力大减的因素，不过目前对此点还缺乏切实的观察。现在人们比较了解的，只限于猴子以及两三种海兽。只要不为食物发愁，它们沉醉于夫妇的爱情、母子的亲情，因此很少有离开群体单独出走的情形。不过，在碰到需要争夺配偶的突发状况时，受虐的总是群体中的弱者。因为动物中的强者不会养成自我约束的习惯；也因为在群体之外，没有满足生殖欲求的可能。

与生殖欲求只是周期性的需要不同，食物缺乏所带来的饥饿却是日复一日、如影随形的。所以在食物特别缺乏的时节，就出现了违反狼群纪律单独行动的狼。狼指挥自己的子女，让它们互相合作的故事，虽然仅仅在《千匹狼》中可以看到，但我以为狼群中出现这种情况，是再正常不过的事了。

一二

在我们开始关注狼时，狼的习性已经发生了一些变化。它们已经明显地分成了两类：一类是群来群往，另一类是独来独往，二者的生活情形也不一样。对它们的实态，寻常百姓在一定程度上也有所把握；尽管各地信息互不相通，但各地所发现的特征有很多类似之处。我手头收集到的实例，以中部地区的为多，如果对它们的生活产生兴趣而进行深入调查的人能多起来，方能找到证明事实的更有力证据。信州南部的少年们从父母、祖父母那儿常常听说，狼中有善狼、有恶狼，善狼一只一只独居于村庄附近，不仅不害人，还尽力助人。恶狼则完全相反，而且总是集体行动，令人震恐。过路的狼一般属于后者，在说送行狼的故事时，常常会说到它们。比如有个故事说，某人在山里赶夜路，忽有一只送行狼前来，用嘴频频衔住他的衣袖拽他走。那人虽然害怕，但也无可奈何，就随着狼的牵引，钻进了草丛。那人刚刚坐下，就听到轰然作响的杂沓声音由远而近，几十只狼组成的狼群浩浩荡荡地从他眼前走过。多亏送行狼预知群狼将要路过此地，庇护了那人，让其躲过了一劫。群狼过后，送行狼又把那人送至家门口。那人则一边连声道谢，一边拿出小豆饭供送行狼享用。如果类似故事只此一个，那么也可能做出别解，可与之相类的故事，各地都有流传。实际上我国对行善之狼的信仰，古已有之，并根深蒂固，直到像松代①域内那样的悲剧连续发生的时代方止。

我打算把新旧两种见闻综合起来观察比较。虽然流浪于山野的孤狼渐渐增多，已经开始出现袭击人畜的倾向，但由于人们自古以来对狼的信仰根深蒂固，所以仍然有很长一段时间并没有改变古有的观念。而狼压根不在乎人类怎样看待自己，只是不停地

---

① 指江户时期松代藩，在今长野县境内。

寻找机会，不断地扩大获得食物的渠道。于是狼的危害与日俱增，逐渐严重起来。这使人们认识到，狼之中也有凶恶残暴的家伙，也有肆意妄为的家伙，就像人类也存在当地人与外来者一样，狼类也存在差异。狼助人、救人的故事，具备了完整的故事框架而得以传播，形成了古已有之的传统。那些狼的举动看上去可怕，实际上亲切，它们的身上潜藏着善心。人们常把它们视作害兽，实属有害无益的误解，因而这类扬狼之善的故事，受到了普遍欢迎。

一三

但是，信仰是建立在实际结果之上的，它会依据具体的经验教训不断地加以修正。古时狼属于神兽，不会无端地侵犯人类。可现实中生态环境的变化，逐渐改变了它们自主独立的生存状态。而人们对它们的看法，则根据读书等能力的不同，分为两种：一种是完全逸出古来信条，对传闻一概不信；另一种大体上相信，只是最小限度地对传闻中毫无根据的部分做些删改。迄今为止，平民百姓大抵属于后者。他们并没有将为数不多的旧时传闻弃之不顾，所以，头脑中同时并存着新旧两种观念。

有关送行狼的世俗故事，表面上是由新闻记事所转述的，实际上则是古老信仰的积淀物。某人自某处归家途中云云，尽管看上去是一个具体的实事，但大致相同的故事却在各地广泛流传。狼的许多故事的流传情形皆是如此，这其中难道没有什么特别的缘故吗？如果把这些故事放在一起加以比较，还可以发现，它们被逐步修改的阶段性变迁的痕迹，也大体相同。

送行狼故事的最新版本，是讲狼尾随在人的后面，本意在袭人，但只要人自己不跌倒，狼就不会飞身扑上去攻击；还有，被尾随的人只要燃起香烟，或者点起火把，狼就不会进入亮光的范围之内；又说，人若先把长带子垂下，再折叠在手上，狼就不敢近前。假如不小心跌倒了，也并非无救，只要嘴里喊着"嗨哟"，赶快站起来，就不会受害。有的甚至说，人弯下腰去并一动不动的话，也能立即把狼吓跑。这些说法都意在强调，本欲袭人的送行狼，并不是那么凶残。这样一想，那种一直尾随着你的脚步声，会让你觉得跟着你走的，是一只迷路的狗。回家后仔细回味，才会意识到那是一只送行狼。人们途中遇狼，当然心怀恐惧，紧张莫名；但也可以看到，这类故事中的狼，未必被人们视作凶恶的死敌。关东地区还流传着人们迎请秩父三峰的御犬祛除狐惑的故事。在这种场合，该人绝不可回头看，也不能跌倒，如果跌倒了，反而会被御犬吃掉。御犬渡河时全身晃动，能听到划水的声音，看到溅起的水花等，叙述非常详细。此为真实的客观记录，还是信者脑中的幻象？二者的区别，已经很难分清。不管怎么说，这类御犬与送行狼给人的印象，颇有重叠与相似之处。

在我的故乡等地，有很多传闻说送行狼并非为了害人才尾随人的，但对它们尾随人的目的，却不能做出合理解释，此点与古时的妖怪有相同之处。想来送行狼尾随人只是出于本性，而与人是否感到困扰无关。当被送行者回家进门后，必须对着外面的黑暗说些感谢的话。假如忘了说，那狼会整夜在周围不停号叫，发泄愤怒，发泄完了才会离开。在信州的甲州，则更进一步，必须赶快将红豆饭拿出来，让狼吃了后回家，也有说做牡丹饼让狼吃了走的。红豆饭并不是一会儿就能煮好的，所以如果把狼当作普通的野兽，家中是不可能总备有红豆饭的。了解了形形色色的这类传说，特别是看到了村庄附近的狼拽人衣袖使其免遭过路狼之劫的故事后，就不难看出，我国从前对狼的态度，与外国是完全不同的。现存的送行狼故事，正可以观察到前人对狼态度的些微痕迹，而后来送行狼对人的危害逐渐增大，则反映了狼社会的变迁。

一四

最近收音机播出的河竹默阿弥的《恋闇鹈饲篝火》，对如今的人们来说，已经很难理解了。可仅仅在五十年前，狼只吃恶人的说法，在我国仍然很有市场。这看上去似乎属于善意的过信；但同一时期，冲绳人也认为，某种毒蛇专门袭击在祭祀之日不拜祭之人及心术不正者。我国本土的蝮蛇，原本大体上也被做如是看。古往今来，世上一直有着雷公专劈坏人的说法。遭雷击而丧命之事颇为罕见，竟也能引发此类联想，更何况对受到环境影响、习性在逐步发生变化的动物呢？从前动物的食物充足，没有必要直接与人争夺食物，所以并不加害于人，甚至不时做出善事；而随着生存环境的恶化，它们渐渐变得凶残起来，也是很自然的。宫城县登米郡的狼河原，作为烟草产地，直到江户时代，其地名一直为世人所知。据说因为过去狼多，故得名"狼河原"。阅读写于一百二三十年前的《东游杂记》①，可知当时那一带的人，与上方、中国地区一样，并不怕狼，反而

---

① 旅行家、地理学家古川古松轩（1726—1807）所写游记，12 卷。

请狼来帮忙驱除大肆毁坏农作物的鹿。据说夜里赶路遇狼时，只要殷勤地寒暄几句，说声："御犬阁下，请您不要松懈，赶紧追鹿吧。"就能平安通过。实际上狼对助人捕鹿之事非常上心：既能讨人的欢喜，自己又能享受美味，何乐而不为呢？顺便说一句，那里的狼群，当时还没有解体。

但几乎在同一时期，日本海一侧的狼害却相当严重，这在橘氏①写的《东游记续编》②里可以读到。书中说庄内西田川郡的沿海一带有鬼出没，引起很大骚动。我估计这里的"oni"③是"oinu"④的音讹所致，但即使解作"鬼"，也无大碍，反正都被人当作了敌人。各地狼的实情不同，深究一下，必然各有原因，认为狼的习性古今相同一成不变，是无论如何也说不通的。因此我认为，狼有狼的发展演变的历史，它同人类文化的发展演变一样，或早或晚，都在顺应时势要求，发生着不得不发生的变化。认为它们全都只受一个法则的支配，显然是不符合实际的。

---

① 指橘南谿，请参照注31。
② 游记，1797 年刊行。
③ "鬼"的读音。
④ "御犬"的读音。

一五

　　世人对狼这尊大嘴真神①的信仰，虽然比起其他自然崇拜来，衰微的时期要晚一些，但该来的总还是来了。及至近代，狼的凶暴越演越烈，但同时也把其外强中干的弱点暴露无遗。饥饿的孤狼去袭击弱小的妇女、儿童，却常常搭上了自家性命。这也就明白地告诉我们，它们的威风已成明日黄花。这类事件，中古以前还偶有发生，明治以来却再也不曾出现。人类的愚昧做法②，看上去是为狼社会提供了食物，可它从狼的内部对其造成了破坏，导致了狼的数量与食物不成比例的大增，或者说导致了它们毫无节制地对有限食物的消费。某种野兽的历史，看起来似乎微不足道，但深思之，就不难发现，所有的一切，都对我们人类具有参考意义。

　　我尤其感兴趣的是，这些鲜活生动的事例，与久远的静止的古代史料不同，它们把狼的历史轨迹清晰地展现在我们眼前。直

---

　　①　狼在日语中是"大神"之意。
　　②　指上文所说的不食牛马肉、丧葬草率等。

到不久以前，还有日本人出于对狼的信仰，对越演越烈的狼害强作善意的解释。在下野的那须，初春时在狐冢举行祭祀，并将其命名为襁褓祭。当地人认为，这种祭祀能讨野兽的欢心，狼会因此停止对人的伤害。还有一种被称作"慰问产崽狼"的习俗流传很广，人们于暮秋带上红豆饭，来到山里送给狼吃。在狼害激增后，有人说这是因为狼窝被人袭扰的缘故。也有的地方为狼产崽举办祝宴，希望由此赢得狼的好感。三峰山曾有称作"狼立子"的神事，目的仍然是祝贺狼产崽。这类仪式，与人类庆贺得子的仪式大致相同。究其原因，主要是基于人们对山神的信仰，但也有一个现实因素，那就是因为曾有过狼在产育之际为寻找食物来村里大肆掠夺的教训。然而，狼不懂得适可而止的道理，而是变本加厉，越来越凶残暴虐，甚至残害无辜的妇女儿童。这就粉碎了人们与狼和平共处的善良愿望，从而对狼不再采取"绥靖政策"。于是在不长的时间里，狼被猎杀殆尽。与此同时，狼群的解体，使孤狼终其一生直至老死，都难以获得繁殖的机会。时至今日，有关我国狼已绝迹之说，几乎已成定论，虽然尚无证据证明此说。一般而言，人类都具有重新构建的能力，而鸟兽却完全没有。这也就是动物的历史与人的历史无法相比之处，也是其历史相对单纯的原因所在。

附　记

本文第六节所引用的信州松代域内的狼害记事里提及的地京原村，是上水内郡日里村的一个村庄。久保田珍仪告诉我，那里有个与狼搏斗过的女孩之友人，现在还活着。他还告诉我，桐山樵者名为镰原桐山。在桐山先生的文集中，有关狼害人的记事，另外还有两三篇。太平喜间多为我复印了其中的一篇，所记之事发生于天宝①末年，比那个女孩的故事还要稍晚一点。

（昭和八年十一月　《日本犬》二卷二号）

---

① 1830—1844 年。

附录一　日本历史时代及分期①

历史时代			起始年代
原始	旧石器时代		数十万年前—1 万年前
	绳纹时代		1 万年前—公元前 3 世纪
	弥生时代		公元前 3 世纪—3 世纪
古代	古坟时代		3 世纪后半叶—6 世纪末
	飞鸟时代		6 世纪末—710 年
	奈良时代		710—794 年
	平安时代		794—1192 年
中世	镰仓时代		1192—1336 年
	室町时代	南北朝时期	1336—1392 年
		战国时期	1467—1573 年

① 王京制表。明治时代以前，不包括北海道及冲绳地区。

历史时代			起始年代
近世	安土桃山时代		1573—1603 年
	江户时代		1603—1868 年
近代	明治时代		1868—1912 年
	大正时代		1912—1926 年
	昭和时代	昭和前期	1926—1945 年
现代		昭和后期	1945—1989 年
	平成时代		1989 年至今

附录二　日本古国名及其略称与都道府县对应表①

五畿七道②	令制国名		略称	都道府县	大区名称
东山道	陆奥	陆奥	奥州、陆州	青森县	东北地区
		陆中		岩手县（秋田县）	
		陆前		宫城县	
		磐城	磐州		
		岩代	岩州	福岛县	
	出羽	羽后	羽州	秋田县	
		羽前		山形县	
	下野		野州	栃木县	关东地区
	上野		上州	群马县	

① 王京制表。

② 五畿七道按 701 年《大宝令》，国名按 927 年《延喜式》，陆奥、出羽分割为 1868 年。

五畿七道	令制国名	略称	都道府县	大区名称
东山道	信浓	信州	长野县	中部地区
	飞骋	飞州	岐阜县	
	美浓	浓州		
	近江	江州、近州	滋贺县(关西地区)	
北陆道	越后	越州	新潟县	
	佐渡	佐州、渡州		
	越中	越州	富山县	
	能登	能州	石川县	
	加贺	加州		
	越前	越州	福井县	
	若狭	若州		
东海道	安房	房州、安州	千叶县	关东地区
	上总	总州		
	下总			
	常陆	常州	茨城县	
	武藏	武州	埼玉县	
			东京都	
	相模	相州	神奈川县	
	伊豆	豆州	静冈县（东京都）	中部地区
	骏河	骏州		
	远江	远州		
	甲斐	甲州	山梨县	
	三河	三州、参州	爱知县	
	尾张	尾州		

五畿七道	令制国名	略称	都道府县	大区名称
东海道	伊贺	伊州	三重县	关西地区
	伊势	势州		
	志摩	志州		
南海道	纪伊	纪州	和歌山县	四国地区
	淡路	淡州	兵库县	
	阿波	阿州	德岛县	
	土佐	土州	高知县	
	伊予	予州	爱媛县	
	讚岐	讚州	香川县	
畿内	大和	和州	奈良县	关西地区
	山城	山州、城州、雍州	京都府	
	河内	河州	大阪府	
	和泉	泉州		
	摄津	摄州		
山阴道	但马	但州	兵库县	中国地区
	丹波	丹州	京都府	
	丹后			
	因幡	因州	鸟取县	
	伯耆	伯州		
	隐岐	隐州	岛根县	
	出云	云州		
	石见	石州		

五畿七道①	令制国名	略称	都道府县	大区名称
山阳道	播磨	播州	兵库县(关西地区)	中国地区
	美作	作州	冈山县	
	备前	备州		
	备中			
	备后		广岛县	
	安芸	芸州		
	周防	防州、周州	山口县	
	长门	长州		
西海道	筑前	筑州	福冈县	九州地区
	筑后			
	丰前	丰州	大分县	
	丰后			
	肥前	肥州	佐贺县	
	壹岐	壹州	长崎县	
	对马	对州		
	肥后	肥州	熊本县	
	日向	日州、向州	宫崎县	
	大隅	隅州	鹿儿岛县	
	萨摩	萨州		

译者后记

译完全书后，我曾写了首七律《〈孤猿随笔〉译后》，此篇《译者后记》就以拙诗开头：

半年甘苦译书成，恍若巡游动物城。

猪鹿猫猴诚有趣，狼狐貉犬岂无情？

搜奇集异析虚实，辨伪求真分浊清。

民俗研究学问大，柳田伟业冠东瀛。

"民俗研究学问大，柳田伟业冠东瀛。"柳田国男（1875—1962）既是日本民俗学的开山鼻祖，又是成就最高的泰斗，著作等身。《孤猿随笔》所收的 12 篇文章，其实很不显眼。但幸运的是，其书的《序》却谈到了日本民俗学的出发点：

我们不能因为记忆的缺失，就否定历史的存在；不能因为文章不屑于传播，就抹杀重要的时代变迁。只要我们有求知的热望，就一定能找到通向真相的途径并有所发现。以上两点，正是日本民俗学的出发点。

《飞脚狐的故事》对"时代变迁"的重要性又强调说：

仅仅看到现在的特征，就认为往昔大抵如此，认为它一成不变，也完全是无根之论，可以说是闭着眼睛说瞎话。

《狼史杂谈》则重申了怀揣"求知的热望"的必要性：

史学界有个恶癖，哪怕再重要的事情，只要碰到难以克服的障碍，就轻轻放过不去追究了。这是我所不能容忍的，对那些必须探索的问题，我们应该想尽一切办法，疑字当头，努力去寻找答案。有没有办法，能不能取得进展，取决于我们求知欲望的强度。

是的，千方百计、排除万难、百折不挠地去寻找历史真相，去把握时代变迁，既是柳田民俗学的出发点，也是我译《孤猿随笔》时感受最深的一点。下面我就结合这一感受，对全书的内容简要做一介绍。

阅读《孤猿随笔》，确实是"恍若巡游动物城"。它主要从分析有关动物的民间传说入手，从人兽关系变迁的角度研究民俗。它皆以动物为题材，在论述时又总是设身处地，格外注重情趣，诚可谓"猪鹿猫猴诚有趣，狼狐貉犬岂无情?"

《松岛的狐狸》《飞脚狐的故事》《坂川彦左卫门》三篇收集了日本各地、各个时期大量的有关狐狸的民间故事与传说，对人与狐关系的变迁，对各地与狐狸有关的民俗，对狐狸为适应环境而发生的变化，做了深入的分析和系统的整理。《狼的行踪》《狼史杂谈》两篇则集中讲述了有关狼的故事、传说，梳理了日本狼的变迁历史，探讨了人与狼的关系的变化，对狼群由解体走向灭绝的原因做出了令人信服的解释。《猫岛》《野猫观察记》两篇，对各种类型的猫都有细致的描述，并通过许多猫的传说，对有关猫的日本民俗，对猫与人的关系，都做了饶有兴味的介绍。《毛利的实验》详细记录了柳田国男自己养狗的经历，将心比心，对狗的心理、行动分析得头头是道。《猎鹿图》记述了鹿在日本的历史和现状，用浓墨重彩描绘了日本人猎鹿的盛大场面，并对艺术、宗教等问题都有广泛涉及。《对州的野猪》回顾了对马岛野猪被残酷灭绝的辛酸往事，简述了日本人与野猪的关系史。《猴皮》从一张"漂亮极了"的猴皮入手，实写猴子的种种情态，并详析了生存环境的改变对它们命运的影响。此外，对豺、狸、貉的传说也都有涉猎。

　　旁征博引，沿波讨源，是《孤猿随笔》在写作方面的主要特点。尤其难能可贵的，是它在"搜奇集异"的同时，始终牢记"辨伪求真"的使命，分别虚实，激浊扬清。作者说这本书"给了我论述并证明一些小小的历史真实的宝贵机会"（《序》），谦虚中又不无自信。此书"论述并证明"的"小小的历史真实"散布于各篇。比如，《毛利的实验》通过对毛利保护配偶的行为的仔细观察，得出结论说："迄今为止，狗的家庭都被当作母系社会，现在这个常识被颠覆了。我总算明白了，这个结论是人强加于狗的。"《狼的行踪》对狼群为维持生存而解体、又因解体而走向灭亡的分析极有学术分量。文中说："狼无意识地结群的目的只有两个：获得食物与选择配偶。但在一年之中，后者只是短时间的需求，前者则是每天必须的。"但是，"时过境迁，已没有大批猎物需要狼群合围聚歼，狼依靠群体合围猎物的传统战法完全落伍，单个的巧袭猎物才更有效，才能维持寂寞的生存"。而"争抢食物激化了狼与狼之间的矛盾，加速了它们离群独处的进程，最终促成了狼群的解体"。在"狼群解体以后，独狼各自谋食，果腹相对容易起来……可这些独狼至交配期时，却难觅配偶，所以母狼无法受孕的现象十分普遍。于是，随着独狼的一个个老死，其命脉也就随之断绝"。请原谅，引文稍稍多了一点，可我以为它揭示了一个大大的真实，所以无法割爱。

《孤猿随笔》在论述如何看待旧风俗时说道："旧有风俗，并不是可以全面革除的东西。正如火山国的地层是由新与旧的层次共同组合而成的那样，其混合体很难分开；河川平原常见的小石块、砂砾，也是各种颜色的地质碎片掺杂在一块儿的。我们对它们的态度不应该一刀两断，而应该进行细致的整理。一个国家的民俗学，只要向前迈出两三步，融入社会中，就可能取得成果。我们稍作思考，就不难懂得凡事总有多个侧面的道理。"我觉得柳田国男对旧风俗的上述认识，实际上彰显了他对待诸多传说的基本立场。书中旁征博引了许许多多的传说，对那些虚虚实实的传说，作者总是取一种"宁信其有"的谦虚和郑重的态度。比如《飞脚狐的故事》认真地叙述道："近畿及其附近，直到现在还保存着'寒施行'的风俗。人们郑重请来不曾附体于人的狐狸，向其咨询各种问题。现在也许会出现一些误解，但那时的狐狸，知道人所不知道的东西。大家相信，只要向狐狸请教，狐狸必定有问必答，自然也就产生了对狐狸的感谢与尊敬之心。"又一本正经地说："在现存的狐狸书画中，水平高于人的，达数十件，它们都是出自天狐、空狐之手。"对传说本身，现在的读者也许难以认同其真实性，但它们的流传，却反映了当时人们狐狸信仰的真实情况。这就是说，作者特别善于从看似荒诞的传说的流传过程中，发现真实的民俗。

始终用历史的眼光，站在与动物平等的立场上，通过仔细的观察分析，去揣摩、理解动物的行为，也是此书的鲜明特点。如《野猫观察记》这样描述几只生下不久的小野猫："每只身上都有着相似的红斑。长相虽然相同，性格却有差异……有的猫十分怕人，战战兢兢地惶恐度日；也有的猫比较大方地停在原地看人，距离稍远一点的话，则会安心地蹲坐着，如果唤它，还会喵喵地回应。"观察得十分细致。《猴皮》在分析猴子或主动或被动地离群出走的原因时，设身处地、细致入微，非常有说服力。这种对动物的"理解之同情"，使书中不乏饱蘸感情的文字，读之令人难忘。《猴皮》在描述老猴王被迫离群索居时写道："一只曾经威风八面的猴王，年轻力壮时出生入死，沙场鏖战，受伤自是难免。这些伤痕是那样明显，从远处亦能看出。而在晚年，却只能带着伤痕落寞离去。"

《孤猿随笔》只是薄薄的一册，但却是作者厚积薄发的作品。《猴皮》向读者透露了个中信息。文中在说到自己"试图追根溯源，从根本上对它（猴皮）流行于世的原因做一番探讨"时写道："这也许会引来小题大作的嘲笑，但实际上我并非心血来潮，因为我研究猴皮已经有几十年了。"《猴皮》是篇短文，只有四千多字，可这其中却蕴含着作者"几十年"的研究心血，这不是厚积薄发又是什么？

正因为厚积薄发，所以写起来才能够举重若轻、游刃有余，当然也就可以不时地幽默一下了。比如《松岛的狐狸》的结尾，在提及野鸡的地域特征发生变化的情况时，作者这样写道："位于东京染井的岩崎庭院，以前曾饲养过颈部有一个白圈的朝鲜雉，武藏野的雉常飞来玩耍。后来这只朝鲜雉飞走了，然后又有新种的高丽雉归化。染井一带雉的地域特征正在发生变化，而现在暂住那里的外务大臣，估计对此还毫无觉察。"该文这样作结，读者又怎能不掩卷莞尔呢？

最后交代一下注释情况：为方便读者阅读，译文对重要的人名、书名、地名、年代及难懂的词语等，皆用页下注的形式注出。

译者在翻译此书时，得到了好友、日语与俳句专家王岩先生的诸多指教，全部俳句及大部分歌谣译文皆出自王岩先生之手，谨在此致以谢忱。

学识浅陋，讹误漏赘之处在所难免，还请方家不吝指教。

周先民

2017 年 8 月于名古屋闲人斋

图书在版编目（CIP）数据

孤猿随笔／（日）柳田国男著；周先民译. —北京：
北京师范大学出版社，2018.7
（柳田国男文集）
ISBN 978-7-303-23165-2

Ⅰ.①孤… Ⅱ.①柳… ②周… Ⅲ.①动物-信仰-
研究-日本 Ⅳ.①B933

中国版本图书馆 CIP 数据核字（2017）第 302635 号

营　销　中　心　电　话　010-58805072　58807651
北师大出版社高等教育与学术著作分社　http://xueda.bnup.com

GUYUAN SUIBI
出版发行：北京师范大学出版社　www.bnup.com
　　　　　北京市海淀区新街口外大街 19 号
　　　　　邮政编码：100875

印　　刷：鸿博昊天科技有限公司
经　　销：全国新华书店
开　　本：130 mm×184 mm　1/32
印　　张：7.75
字　　数：166 千字
版　　次：2018 年 7 月第 1 版
印　　次：2018 年 7 月第 1 次印刷
定　　价：45.00 元

策划编辑：宋旭景　　　　　责任编辑：王　宁
美术编辑：王齐云　　　　　装帧设计：周伟伟
责任校对：段立超　陈　民　责任印制：马　洁